Christophe Nsipeufeu Kamguin

Pensée la nouvelle gouvernance en Afrique

Christophe Nsipeufeu Kamguin

Pensée la nouvelle gouvernance en Afrique

Dictus Publishing

Imprint

Cover image: www.ingimage.com

Publisher:
Dictus Publishing
is a trademark of
International Book Market Service Ltd., member of OmniScriptum Publishing Group
17 Meldrum Street, Beau Bassin 71504, Mauritius

Printed at: see last page
ISBN: 978-613-7-34995-3

"AFRIQUE SOLIDARITE EMPLOI FORMATION CREATION D'ENTREPRISES- INTERNATIONAL"
Organisation Non Gouvernementale

Loi 1er Juillet 1901 : RNA: W311003686 -Ministère de l'Intérieur- S/Préfecture- MURET- 31600-France/UE
JO - 18 Juillet 2015 - 00426-

Christophe NSIPEUFEU KAMGUIN
Ingénieur en pétrole et transports d'énergie diplômé de l'université de Liaoning (Chine).
Titulaire d'un Master 2 Droits Pratiques Juridiques et Judiciaire et d'un DESS Affaires Internationales et Fiscalité.
Au sein de l'Organisation Non Gouvernementale ASEFCE INTERNATIONAL, il assure les fonctions de secrétaire général depuis 2015 en charge de la coordination des programmes en accord avec les dispositions statutaires. il diligente les procédures de l'organisation dans tous les états où se situent les représentations nationales.
Par ailleurs il dirige le "Bureau International Intelligence Economique Afrique" .
Le BIIEA est l'organe de conquête économique de l' Ong ouvert sur le monde entreprenarial africain et les échanges internationaux tels sino-africains.
Il participe comme fondateur et administrateur à des organisations dans le domaine de l'économie dont le think tank "Hong Kong World Economic Intelligence Bureau HK-WEI."
Lors de ses études en république populaire de Chine, il s'est également consacré aux diasporas africaines au nom de l'organisation.
Passionné par le développement du continent africain, Christophe s'investit depuis des années dans l'étude et la concrétisation de programmes prévilégiant les réalités socio-économiques des peuples et les dispositifs macroéconomiques. Il apporte à ASEFCE INTERNATIONAL son expertise et son expérience.
Christophe appartient à la nouvelle génération émergente de ceux qui réforment le continent.

Marc Rotgé

Président Fondateur
Présidence: 16,Avenue des Pyrénées- 31470-Saint Lys- France/UE

Table des matières

Gestion des ressources naturelles en Afrique :

une nouvelle approche pour faire face aux défis de développement

Par **Christophe NSIPEUFEU KAMGUIN**

Résumé / Abstract

Le continent Africain est riche vu son énorme potentiel en ressources naturelles. Cependant, une étude quantitative des ressources naturelles dont regorgent le sous-sol et le sol Africain a été menée dans le but de relever les soubresauts qui font de l'Afrique un continent médiocre dans l'atteinte de ses objectifs de développement. D'où la question de savoir pourquoi l'abondance des ressources naturelles en Afrique ne contribuent-elles pas à relever ces défis ? Cette problématique a pour objectifs de décrire l'inadéquation entre les atouts du continent en matière de ressources naturelles et ses difficultés à relever les défis de l'émergence, de dresser un tableau des ressources naturelles du continent et de les opposer aux opportunités d'affaire et enjeu de développement qui sont propres à l'Afrique, et d'identifier les ressources ayant un avantage comparatif en terme d'impact sur les questions de développement. Pour ce faire, les données issues de la Banque Mondiale et du PNUD ont été utilisées.

Après examen en ce qui concerne le paradoxe de l'abondance et la « malédiction des ressources », les résultats montrent que les ressources naturelles sont comme une boite de pandore bien exploitée, elles sont des sources de prospérité et de croissance ; mal exploitée, elles sont des sources de guerres, de conflits et de misère.

Compte tenu de l'effet positif de la bonne gestion des ressources naturelles sur les défis de développement en Afrique, les Gouvernements africains devraient passer par l'adoption et l'implémentation des politiques publiques idoines pour le développement endogène et inclusif d'une part, et, par l'application des principes de bonne gouvernance d'autre part. Dans cette logique notre contribution se veut un instrument de réveille des consciences endormies comme disait **Napoléon Bonaparte**, « *Les hommes qui ont changé l'univers n'y sont jamais parvenus en gagnant des chefs ; mais toujours en remuant des masses* ».

Mots-clés : gestion, ressources naturelles, défis de développement, développement endogène et inclusif, application des principes de bonne gouvernance.

Introduction

La gestion des ressources naturelles (ou la gouvernance des ressources naturelles dans une logique transformationnelle et structurelle des territoires d'Afrique) renvoie à l'action de gérer, d'administrer, de diriger, d'organiser les ressources du sol et du sous-sol d'une communauté de personne avec ou sans pouvoir légal dans l'intérêt ou au profit des populations propriétaires de ces ressources et sans opposition de celles-ci. Pour mieux appréhender les contours propres à la gouvernance ou la bonne gouvernance des ressources naturelles il est manifeste qu'il faudrait tout d'abord mieux cerner ce qu'on entend par ressources et plus exactement une ressource naturelle : C'est des moyens d'existence d'une personne prise ici comme une entité morale, elles peuvent plus s'apparenter aux éléments de la richesse qui se trouve dans la nature et qui constitue des choses qui existent réellement et qui témoigne de la puissance d'une nation, d'un continent.

Cependant ce témoignage de puissance matérialisée par les éléments de la richesse mérite d'être questionné à l'heure où le continent africain fait face aux nombreux challenges et défis de développement. Nous entendons par défi un véritable appel à un combat singulier afin de relever les challenges de l'émergence du continent. L'Afrique constitue de nos jours ce que les chercheurs et spécialistes en géologie, géotechnique, géophysique, géomatique et dans une certaines mesures les géographes une catastrophe géologie. Bien entendu la terminologie catastrophe n'est en réalité qu'une figure de style que les linguistes qualifient d'oxymore car cela renvoie aux richesses énormes dont regorge son sol et son sous-sol. En effet, les défis de développement dont font face le continent africain se pose dans la mesure si l'on veut questionner en terme de bilan la gouvernance des ressources naturelles du continent depuis les indépendances jusqu'à nos jours l'on se rendra vite compte que le continent chevauche de paradoxe en paradoxe, résultat des courses le continent n'est pas encore sorti de l'ornière.

Au XXI ^{éme} Siècle, surtout après le premier cinquantenaire des indépendances africaines il semble indéniable de questionner la gouvernance des ressources naturelles du continent en vue de faire un état des lieux puis faire un diagnostic sans complaisance et surtout recherche les solutions idoines qui semble-t-il devrait se trouver dans une nouvelle approche que nous voulons dévoiler dans cette article. Nous sommes dans le regret de constater que les études et divers rapports révèlent que bien que le continent africain est si généreusement pourvue en ressources, terres productives et richesses naturelles précieuses et renouvelables (eau, forêts et poissons, notamment) ou non (charbon, gaz, pétrole et autres minéraux) traine a trouvé sa voie. D'après *l'agenda 2063 de l'union africaine* qui promeut la bonne gouvernance, la démocratie, la réduction de la pauvreté, la croissance et l'emploi et surtout le développement inclusif. Le challenge pour nous africains c'est de penser une approche empirique et surtout holistique sortie des sentiers battus et propre aux réalités africaines. Car les politiques publiques implémentées depuis les indépendances jusqu'à nos jours sont des politiques importées et par conséquent inadaptées.

Enfin, quand nous parlons de l'inadéquation des politiques publics et les questions de développement, celle-ci est d'une complexité avérée sinon les politiques adressées depuis lors auraient déjà jugulé les problèmes depuis plus de cinquante(50) ans que l'Afrique passe de réforme à réforme. D'où le constat clair que nous devons comprendre les causes profondes et les limites des gouvernements africains à se servir de la manne énorme que représente les ressources naturelles au profit de la création d'emploi et de richesses comme réponse aux multiples crises que traversent l'Afrique. Nous nous apercevons dès lors que les véritables causes de la mauvaise gestion des ressources naturelles sont de nature structurelle et doivent être traitées comme telles.

L'accès du continent africain à une véritable émergence reste et demeure compromise, entre autres, en raison de l'incapacité de la classe dirigeante à changer de paradigme dans la gouvernance des ressources naturelles et humaines de l'Afrique et surtout l'émancipation des peuples d'Afrique n'a pas encore atteint le seuil critique car comme le disait Alexis de Tocqueville : « chaque peuple a les dirigeants qu'il mérite » on peut paraphraser cet auteur en disant que : « chaque peuple a les politiques publiques qu'il mérite ».
Actuellement aucun indicateurs sérieux ne peut nous fournir une garantie que l'Afrique a compris les enjeux et est prêt comme le disait le président ***Alpha Condé*** lors du CEO Forum Africa d'Abidjan a coupé le cordon ombilical qui nous lie à nos anciens maitres les colons, ce malgré les quelques voies qui s'élèvent ici et là.

Or il est important et même capital car la survie de notre continent en dépend à engager les transformations structurelles et impulser les dynamiques institutionnelles en vue de capitaliser sur l'implémentation d'une nouvelle approche de gestion des ressources axées sur le développement des territoires africains, afin que les richesses provenant des ressources naturelles débouche sur la croissance inclusive et le développement économiques attendus.
Dans la plupart des cas, face aux difficultés structurelles qui plombent le décollage de l'Afrique nous pouvons entrevoir le phénomène économique qui relie l'exploitation de ressources naturelles en Afrique au déclin de l'industrie manufacturière locale. A savoir la hausse des salaires et des taux de change réels qui aboutit à l'éviction des secteurs d'exportation des matières premières et de ceux concurrençant les importations des produits manufacturiers. En s'y prenant ainsi l'on aura fait mentir le concept de « syndrome hollandais ou plus exactement la malédiction des matières premières».

Compte tenu de l'importance du développement partagé et de la croissance concertée la recherche des positions de rentes par les élites et par d'autres catégories de population qui, dans d'autres conditions, devraient consacrer leur temps et énergie à la promotion du bien-être des populations surtout pour des élites intellectuelles qui occupent des postes dans la fonction publique administrative, ou à défaut se consacrer aux activités lucratives, donc nous pouvons dire trivialement que les élites devraient préférés l'eau potable pour tout le monde au Champagne pour eux seuls. La nouvelle approche de gestion des ressources naturelles dans l'optique de faire face aux défis de développement devrait inexorablement tenir compte une fois de plus de la réduction du train de vie de l'Etat. Cette réduction du train de vie de l'Etat devrait s'inscrire dans une sorte de révolution car il est plus difficile d'abaisser à nouveau les dépenses publiques et facile d'augmenter cela tient de la volatilité des cours et de l'asymétrie de l'ajustement.

La souplesse des marchés du travail en Afrique, ainsi que l'accès aux produits et des actifs entrent en droite ligne dans la stratégie du développement, il devient crucial d'organiser des mécanismes destinés à faciliter la paix et la cohésion sociale, tout en limitant de manière significative les tensions à l'intérieur des pays africains, surtout dans les pays, régions, ou zones à forts potentiels miniers.

Si nous changeons de cap dans la gestion des ressources naturelles dont dispose le continent africain, nous pourrions dire que la nouvelle gouvernance des ressources naturelles, bien organisé dans un pays, devrait nous sembler être un créneau porteur, au vu des preuves qu'il pourra faire transparaitre, car le continent tout entier migrera du statut de victime de la malédiction des ressources naturelles pour le statut de terre riches, rares et ou la prospérité et le progrès sont concrets.

Les sociétés africaines ont besoin de manière primordiale de la stabilité politique qui est le gage de la paix, de la sécurité, de la cohésion sociale. Cependant pour y parvenir il faudrait que l'intérêt économique des populations ait toujours une ascendance considérable sur l'intérêt politique. A cet effet les pays africains devraient adopter des politiques fédératives en matières économiques en ce sens qu'ils devraient mutualiser leurs forces dans l'exploitation, la transformation, l'ouvraison, la commercialisation des produits manufacturiers issus de leurs matières premières. Le continent africain devrait de manière progressive réduire tous les secteurs des ressources naturelles qui sont essentiellement tournés vers l'exportation à l'état brut, pour l'unique raison que le fait de les exportés ainsi ils génèrent des recettes publiques substantielles mais pas suffisantes encore moins conséquentes ce qui indéniablement engendre la stagnation économique et de cela résulte l'instabilité politique ne dit-on pas un ventre affamer n'a point d'oreille ?

Cette expression désigne, le plus souvent, les effets délétères des ressources extractives renouvelables ou non renouvelables sur le développement. Elle devrait pouvoir faire référence à la relation inverse entre le développement et l'abondance des ressources naturelles. La nouvelle gouvernance des ressources naturelles vectrices du développement inclusif que nous souhaitons implémenter a pour objet de permettre l'exploitation des industries minières surtout les industries pétrolières en éludant, en évitant, en faisant abstraction des effets pervers de la pollution de l'environnement, la corruption, le surendettement, la dégradation globale de l'économie, la déliquescence des services publics, les guerres et autres formes de conflits, etc…

Tout ceci passe par l'implémentation efficace et efficiente de la gestion transparente, diligente, harmonieuse, responsable des retombées issues de l'exploitation de ces ressources. Cependant les ressources naturelles à elles seule ne sauraient suffis pour impulser le développement il faut bien sûr des conditions suffisantes, satisfaisantes. Car les pays richement dotés s'ils ne respectent pas cette orthodoxie propre à la bonne gouvernance minière ils auront toujours tendance à enregistrer une croissance plus lente que prévu par rapport à l'abondance de leurs ressources, et, paradoxalement dans de nombreux cas, celle des économies des pays moins nantis, ou pauvres en ressources mais bien gouvernés. Ainsi la bonne gestion des ressources naturelles du continent africain, outre les considérations générales ayant trait à la bonne gouvernance comme étant gage du succès des questions de développement de l'Afrique, il ressort avant tout que la pseudo malédiction des ressources naturelles dont serait victime l'Afrique n'est autre chose que la résultante du mauvais comportement des politiques publiques des Etats africains.

La question clé porte ici sur la manière dont les Etats africains administrent et utilisent la richesse procurée par l'abondance de ressources naturelles ? Autrement dit comment comprendre que l'Afrique étant si généreusement pourvue en ressources, terres productives et richesses naturelles précieuses et renouvelables ou non traine à trouver sa voie ?

Ainsi la nouvelle approche pour relever les défis de développement aux travers de la bonne gouvernance des ressources naturelles consiste à « réinventer l'image de la gouvernance en Afrique » ça voudrait dire que les orientations politiques, économiques, sociales et culturelles devrait être visible, et efficace. Ces politiques doivent avoir pour but d'apporter le bien être aux populations et véritablement guidée par la volonté de gagner l'estime, la sympathie des africains déjà très entamé. Les leaders africains ne devraient en aucun cas considérer la bonne gouvernance comme une main tendue, car son contraire est un navire qui est en train de couler parce qu'ayant pris beaucoup d'eau ou tout simplement la mal gouvernance est une corde pour nous étrangler tous ensemble.

Car il n'Ya pas de raison à être heureux seul soit on s'en sort ensemble ou on coule tout la misère est un danger pour tous qu'on le veule ou non. La nouvelle approche de la gouvernance des ressources naturelles en Afrique constitue à notre sens un mécanisme de garantie de croissance inclusive qui vise à responsabiliser les pouvoirs publiques africains, à mutualiser les ressources dans l'exploitation des minerais, à donner de l'ascendance à l'ordre public économique sur l'ordre public politique, à consolider le made in Africa, à promouvoir la transformation de nos matières premières au niveau local, à renforcer notre tissu industriel, et à consommer d'abord ce que nous produisons et à produire ce que nous consommons.

La bonne gouvernance des ressources naturelles devrait tenir compte pour ce qui concerne les ressources naturelles non renouvelables de l'équité intergénérationnelle. Et dans ce sens le continent africain sera désormais considère comme une terre d'opportunité et ou les immenses défis constituent le socle de son développement et de sa croissance avec en moyenne près de 12 millions de jeunes qui frappent aux portes de l'emploi ou qui accèdent à la vie active.

La bonne gouvernance se présente en Afrique comme le seul et véritable rempart pour l'accès de nos états à l'émergence et au développement inclusif accessibles à toutes les couches de la population. Mais sa nature, son essence n'a pas été clairement définie. Notre approche sera cumulativement sur l'angle juridique et sur l'angle économique, les analyses porteront sur les pays de successions françaises et les pays de successions anglaises. Nous invoquerons également le droit dérivé des rapports de force des autres puissances étrangères, sans oublié les éléments de la géopolitiques, de la géostratégie et surtout de la véritable guerre qui est économique.

Si le continent africain voudrait avoir un effet positif de la bonne gestion des ressources naturelles sur les défis de développement en Afrique, les Gouvernements africains devraient passer par l'adoption et l'implémentation des politiques publiques idoines pour le développement endogène et inclusif d'une part, et, par l'application des principes de bonne gouvernance d'autre part. Dans cette logique notre contribution se veut un instrument de réveille des consciences endormies.

I- *La gouvernance et transformation structurelle des institutions étatiques*

La refondation et le renforcement des dynamiques institutionnelles des territoires et le développement.

A- La bonne Gouvernance des ressources naturelles un réel défi de développement en Afrique

La bonne gouvernance des ressources naturelles est le traitement ou la thérapie choque, appropriée cependant cette thérapie pour qu'elle soit efficace et efficiente il faudrait une adéquation entre états des lieux, diagnostics et thérapie. Une étude conjointe de la *Banque Africaine de développement et du Global Financial Integrity à montrer* que, de 1980 à 2009, l'Afrique a perdu entre 1200 à 1400 milliards de Dollars en flux financiers illicites ; Ces évasions de fonds sont la résultante de la mal gouvernance des ressources propres du continent propice pour son développement. Dans le cadre de la mal gouvernance les mécanismes tortueux pour distraire les recettes d'exploitation des ressources du continent sont entre autre la corruption qui est une véritable gangrène, les pots de vin et l'évasion fiscale. *La* pharamineuse somme sus évoquée relève des échecs des politiques publiques pour adresser avec diligence et perspicacité les questions de transparence dans la gestion et surtout l'incapacité des leaders de changer les paradigmes de développement du continent.

Car à l'évidence nous voyons bien que ces sommes représentent en moyenne 50 milliards de Dollars américains que l'Afrique perd chaque année dans les pots de vins, la corruption et l'évasion fiscale. Le comble du paradoxe est cette somme représente que ce soit en valeur relative ou en valeur absolu trois fois le montant total de l'aide publique au développement reçue dans la même période et est 28 fois (vingt-huit) fois plus élevé que les investissements directs étrangers annuels destinés à l'Afrique qui, selon la conférence des Nations Unies sur le commerce et le développement, ont atteint 50 Milliards de Dollars US en 2012 et la tendance n'est pas à la baisse compte tenu de l'environnement sociopolitique que transverse le continent.

Comment comprendre que le continent peut être conséquemment riche puisque ses ressources sont évaluables en argent et extrêmement pauvre en même temps ? L'Afrique perd trois fois dans des transferts illicites et fuites de capitaux vers l'étranger ce qu'elle reçoit comme aide publique aux développements et comme investissement direct. Cela dénote que s'il y avait bonne gouvernance l'Afrique pourra être considérée comme un créancier net dans la mesure où on réintègre la fuite des capitaux. On n'a pas besoin de faire un dessin afin de comprendre que si la tendance est inversée, l'Afrique serait en mesure de résoudre tous ses problèmes économiques et impulser son développement sans aide extérieure, résultat de course l'Afrique n'a pas de problème de financement de son économique et de son développement mais a plutôt un problème de bonne gouvernance, de vision économique, et surtout de leadership transformationnel des institutions et une impulsion inclusive de la croissance et du développement qui prendra en compte les dynamiques institutionnelles des territoires et la spécificité des peuples et enfin l'appropriation des questions et même de la notion de développement par les masses populaires.

Certes à notre sens l'implémentation des règles de bonne gouvernance, la lutte contre l'évasion fiscale, la lutte contre la corruption et la dénégation des dons des pots de vins comme mode de gestion de la fortune publique devraient en soie constitue un élément fort pour amorcer le challenge du développement du continent.
A notre sens nous sommes convaincus que nous devons faire mieux car les questions de développements de l'Afrique se présentent plus désormais comme une option mais plutôt comme une alternative sérieuse. C'est la raison pour laquelle nous devons changer de paradigme et d'approche de développement.

Cette approche doit être la résultante d'une démarche sérieuse, holistique, propre aux africains.
Nous pouvons appliquer toutes les règles de bonne gouvernance si nous avions des politiques publiques inadéquates nous ne pourrions jamais inverser la courbe du chômage, de la pauvreté et par ricochet du sous-développement. C'est pourquoi nous sommes interpellés tous que nous soyons au plus haut niveau à nous poser les questions pertinentes et à apporter des réponses conséquentes. Sinon nous allons bien gouverner mais créer la croissance et l'emploi ailleurs. C'est dans ce sens que nous appelons avec gravité et urgence à refaire le parcours propre à l'Afrique pour rendre son économie émergente voir industrielle.

Toute bonne gouvernance qui renferme des germes de l'exclusion économique, dispose en son propre sein les gênes de sa propre destruction. Nous pouvons avoir pour preuve le fait que le taux de croissance du continent tourne autour de 5 pourcent, ce qui nous place troisième au monde après la zone Est asiatique et Sud asiatique qui ont 8 pourcent et 6 pourcent environs de taux de croissance, mais cependant cette croissance ne profite pas aux populations contrairement à d'autres zones ou pays du globe. Un autre paradoxe est celui du rapport travail et rétribution, il est inconcevable qu'au troisième millénaire l'Afrique étant si généreusement pourvue en ressources du sol, terres productives, et richesses naturelles précieuses et renouvelables (eau, forêts et poisons, notamment) ou non (charbon, gaz, pétrole et autres minéraux) traine a trouvé sa voie. La cerise sur le gâteau pour montrer à profusion que la mal gouvernance n'est pas le seul problème qui mine le continent africain ressort du fait que l'Afrique cultive plus de trois fois les superficies que cultive la Chine mais peine à nourrir sa population qui ne représente que les deux tiers (2/3) de la population Chinoise.

On y trouve encore presque partout les foyers de famine sur le continent et la misère galopante alors que la Chine avec juste moins du tiers des terres arables africaines elle parvient à satisfaire non seulement sa population qui s'élève à plus 1.5 milliard d'âmes et en exporte une très bonne quantité. Un autre point saillant qui devrait constituer le creuset des problèmes qui minent le continent africain est au demeurant ce que nous pouvons affirmer sans risque de nous tromper la croissance qui est foncièrement extravertie donc exclusive sinon on devrait s'attendre à avoir tous les ans 5 pourcent de croissance de l'emploi qui reflète la croissance économique. Force est de constater que tel n'est pas le cas car la croissance est si faible alors que les perspectives de croissance économique sont très bonnes, voire robustes.

Toutefois, nous pensons qu'en plus des éléments de bonne de gouvernance il nous faut pour des questions empiriques des réponses empiriques, il en va de même des approches pour rechercher des solutions idoines.

Le nouvel paradigme pour faire face aux défis de développement sous le prisme de la gouvernance des ressources naturelles que nous voulons expérimenter tient vigoureusement compte du retour aux fondamentaux et une refondation des politiques publiques qu'elles soient économique, sociale, culturelle et politique.

B- Le changement de paradigme dans la gouvernance des ressources naturelles : une alternative sérieuse

L'Afrique doit faire une véritable césarienne des mentalités de ses populations, cela passe indéniable par l'appropriation des notions de bonne gouvernance, de développement et de croissance inclusive. L'on doit mettre un axe sur le leadership transformationnel des masses et l'éducation constitue le socle granitique pour conjurer les mauvaises appréhensions que les africains ont de leur propre développement endogène et inclusif.
Pouvons penser une croissance sans emploi ? Ou l'emploi est l'élément essentiel de la croissance ? Alors les concepts comme, la croissance, le développement, la résilience de l'économique sont étroitement liés à la notion d'emploi. Donc pour adresser les problèmes de développement il faut mettre en exergue l'éducation ; et quand nous parlons d'éducation il s'agit de l'éducation aux services de l'emploi.

Nous pensons que l'Afrique doit sortir du carcan des slogans dans lequel il s'est enfermé depuis des décennies pour ce qui est de l'éducation de ses enfants. Cela passe par la migration directe et sans négociation des formations, des curricula scolaires et académiques. On ne peut dans ce cas éluder l'approche pédagogique qui ne devrait plus être récital ou l'apprenant est chargé de restituer des connaissances pré- dispensées comme si c'étaient de la science infuse, mais plutôt une approche qui stimule le questionnement, ce questionnement qui être vers la recherche des solutions aux problèmes qu'ils rencontrent au quotidien cela devrait l'amener à raisonner de lui et de voir comme il peut transformer son environnement. Cette approche constitue le véritable carburant pour la consolidation du « Know how».

Sur ce plan éducatif nous osons croire que les intellectuels africains devraient orienter les enseignements vers ce qu'on peut qualifier d'accoucher des idées novateurs en mettant l'accent sur la créativité des connaissances, des concepts et des théories à forts impacts sur leurs contemporains. Les contenus scolaires et universitaires ne devraient plus être centré sur des notions abstraites qui sont essentiellement tournées vers la recherche fondamentale, mais plutôt la recherche qui soit tourner vers le progrès, c'est dans ce sens que nous appelons vivement à la création et implémentation des universités rurales ou on devraient apprendre aux apprenants comment transformer son environnement à partir des éléments qui l'entourent. On devrait les apprendre du droit rural avec toutes les notions qui vont avec, l'électrification rurale, ici apprenant devrait connaitre comment la chute, la rivière qui passe derrière sa maison peut constituer une source énergie, l'hydraulique rurale pouvant leur montrer comment faire pour trouver de l'eau peu importe le sol, comment la rendre potable, comment la redistribuer de manière moderne aux voisins, et enfin l'agriculture rurale cette discipline devrait amener les jeunes apprenants à optimiser et à capitaliser sur les éléments comme l'environnement, le sol, le climat afin de savoir comptabiliser efficacement son rapport travail et rétribution de son travail.

Ce besoin de reformation du système éducatif est d'autant plus sérieux que si nous voulons bannir la terminologie de sous-métier ou des métiers informels, il nous faut renforcer l'économie sociale et familiale en Afrique. L'on devrait accompagner les acteurs sur le plan de la formation et rendre tous les corps de métiers certifiables. Il est vrai cette prétention devrait faire l'effet d'un bisou housse, mais si certaines sociétés ont pu relever le pari nous le pouvons aussi il suffit d'une réelle volonté politique.

Nous sommes convaincus que si nous faisons de cette approche nôtre l'Afrique pourra relever le défi superficies équivalente récolte identité en terme de qualité et de quantité par rapport aux pays développés.

Nous souhaitons qu'à travers l'éducation que l'Afrique balise son véritable chemin, ce que nous entendons par baliser son chemin c'est qu'elle étant le berceau de l'humanité face à l'aculturalisme dont elle a été victime pendant des siècles en faisant aux multiples voies que lui propose les autres continents ; qu'il est temps que face à ces multiples voies qu'elle recherche sa voie et là sa véritable et authentique voie qui devrait la conduire vers l'émergence. Cette voie authentique africaine peut sortir indéniablement des contes, et mythologie traditionnelle africaine qui devrait ressemer dans le subconscient des africains cet esprit patriotique en perdition, ce comportement exemplaire, cet esprit chevaleresque à la chinois et à la japonais. Nous ne saurions terminer ce paragraphe sans prendre un exemple banal tiré du paysage routier chinois, ayant passé près de quatre année en Chine et ayant visité plusieurs provinces, plusieurs villes en partant de la province du Heilongjiang à la province du Guangdong j'ai vu un relief aussi varié des chaines montagneuses, des plaines ; ce qui m'a le plus marqué c'est le fait le réseau routier et ferré étaient constitués essentiellement des lignes directes et droites, les réalisateurs de ces voies s'arrangeaient à construire des ponts là où il y'avaient des cours d'eau et à creuser des tunnels là où ils y'avaient des chaines montagneuses.

De cette observation ressort un constat qui doit être universellement partagé c'est que le chinois est préparé à faire aux différents défis que la vie, la nature, lui offre par conséquent il fait face en affrontant les obstacles. Cependant en observant la mentalité africaine de nos jours on a l'impression que nous sommes préparés à esquiver les obstacles qui se présentent à nous et dans une certaines à les contournés. En procédant ainsi il est manifestement vrai que l'on serait toujours empreint de convoquer ingéniosité des autres pour pouvoir résoudre nos problèmes tant bien que mal, et sous ce paradigme nous ne nous présenterons jamais au monde de manière authentique, originale et originelle mais toujours comme des éternels assistés. Et pris sous ce prisme nous courons droit vers l'échec car les civilisations que nous copions de nos jours ont échoué et sont en manque d'inspiration et nous croyons la véritable renaissance de l'Afrique constituera une alternative sérieuse pour l'humanité.

Sur le plan social les défis sont autant plus énormes que l'on pourrait être tenté de démissionner car l'on peut en longueur de journée révéler ces manquements à en point finir. Y-a-t-il une lueur d'espoir j'ose croire que oui si nous prenons conscience et qu'on y mette beaucoup de volonté et de dévouement. Nous pensons que la première et l'ultime révolution qui constituera l'élément déclencheur du développement du continent africain passera uniquement par la révolution agricole. L'agriculture est la base de toutes les industries. Notre véritable défi est de gagner la révolution verte ou d'accomplir pleinement les chantiers ayant trait au secteur primaire. C'est de nos jours le seul secteur qui peut témoigner ou promouvoir une forte croissance et inclusion sociale, économique et donc les fruits sont partagés. Plus la peine de vous faire savoir que le secteur primaire c'est le secteur clé en main d'œuvre intensive. L'Afrique pour désamorcer la bombe sociale qui traine sur sa tête comme une épée de Damoclès doit pouvoir résoudre la crise de l'emploi qui guette sans jeunesse et qui constitue en soi une source de déstabilisation. Les curricula devront être en adéquation aux chalenges et défis du continent. Tout ceci passe par la création et le développement des secteurs et des opportunités pouvant accucillir les 12 millions des jeunes africains qui frappent aux portes du marché de l'emploi.

Par exemple les gouvernements devraient promouvoir l'esprit coopératif et mutualiste, cet accompagnement ne devrait pas être juste institutionnel mais au-delà les pouvoirs publics devraient faire du monitoring auprès de ses citoyens, en accordant par exemple des tracteurs agricoles, des motopompes, des équipements agro-industriels aux populations des communes en insistant sur les cultures dont les sols de ceux-ci présentent un avantage comparatif par autres cultures. Et enfin en dotant ces populations de la logistique pour pouvoir acheminer leurs produits de leurs champs vers les fortes agglomérations afin de les écouler. Cette politique social aurait un effet réducteur sur l'exode rural car elle devrait promouvoir significativement l'auto-développement local. Autre résultat probant est que nous apporterons une solution graduée mais efficace au fait le continent noir ne se verra plus vider de tranche de population jeune émigrée au péril de leur vie. Quoiqu'on puisse dire le continent Africain demeure sous-peuplé si l'on veut appliquer le ratio superficie et population. Ces analyses sus-évoquées occultes en rien la bataille de la gouvernance sur le plan Culturel.

Sur le plan culturel nous pensons que la société africaine est en pleine fissuration, car nous manquons de repère qui devra être incarné par des élites compradores, corrompus, qui n'ont d'yeux que pour leurs intérêts et ceux de leur famille. Nous avons souvent coutumes de dire chaque être humain est une étoile qui est destinée à briller. Si une étoile se mets à briller juste pour éclairer et illuminer sa famille, ses parents proches à notre avis elle n'est pas en soi un appel ou une vocation. Nous jusqu'à présent toujours eu une élite qui a toujours privilégié le champagne pour eux que d'offrir de l'eau potable pour tous. C'est dans ce sens que nous pensons que l'Africain doit se réapproprier sa culture et ses valeurs car si tout le monde pouvait un instant comprendre que notre culture c'est ce qui nous reste quand nous avons tout perdu nous ferions très attention pour l'avenir.

Le chantier le plus immédiat c'est de commencer à consommer ce que nous produisons et à produire ce que nous consommons.

Une promesse politique de changement qui ne passe pas l'équation savante de comment faire manger les africains convenables trois fois par jours à notre sens un aveu d'échec. Il nous arrive souvent de penser que nous sommes devenus fainéants par le simple fait que la nature nous a tout donné ! Sinon comment comprendre que nous avions des terres fertiles, un climat favorables à l'agriculture, nous n'avons pas dans la grande partie du continent des zones hivernales et nous sommes incapables de nous nourrir convenablement.
Pire encore le peu que nous produisons près de 40 pourcent pourri entre les champs et les marchés et pourtant vu l'environnement socio-culturel, la première chose que l'africain devait maitriser c'est la chaleur pour pouvoir soit sécher et mieux conserver ses aliments soit le froid pour le conserver en l'état vu la carence des industries pour la transformation des produits agricoles.

Ce problème tire sa source du manque de vision prospective et de stratégie globale propre à l'Afrique. C'est pourquoi nous voulons que les africains soient des véritables artisans de leur destin et par conséquent que nous soyons les artisans ou les maitres de notre propre fortune. Notre vision commune c'est de capitaliser et d'optimiser sur ce que nous produisons déjà en procédant ipso facto à une industrialisation complète du secteur primaire qu'est l'agriculture. Sinon nous continuerons à importer les produits finis d'Asie ceux malgré leurs mains d'œuvres qui est de plus en plus chère. Ce fait à lui seul présent une opportunité sans précédent pour l'Afrique ; donc l'Afrique a intérêt à se lancer sans réserve dans le secteur manufacturier, elle constitue aussi à en plus démontrer une industrie intensive en main d'œuvre et qui devrait résoudre le problème qui pourrait s'avérer persistant ct généralisé qu'est le chômage.

Nous pensons que l'ouvraison et la transformation voire l'industrialisation devrait relever plus du culturel que de l'économique, car comment comprendre qu'en Afrique nous avons des entrepreneurs économique qui importent des tonnes et des containers des produits, pendant des décennies, et prospèrent dans ces activités et pourtant la technologie relève d'une chimère et la matière première ils la trouvent sur place. Comment comprendre que le tourteau de soja, mais, d'arachide etc. coute plus cher que ces produits sus énumérés ? L'africain devrait sortir du carcan du buying selling dans lequel les autres rares l'ont cantonné et aiguisé un peu sa curiosité. L'Afrique doit s'inviter et être présente là où les vrais enjeux et les vraies décisions du monde se prennent. Ceci n'est pas l'apanage des politiques contrairement ce que l'imagerie populaire à souvent tendance de penser ; ça reste et demeure le défi et le challenge exclusif des populations et dans une certaines mesures les capitaines d'industries que constitueront l'Afrique de demain.

Après 60 ans d'indépendance les populations africaines ont été soit par inadvertance soit à dessein éloigné des vrais enjeux stratégiques de développement. Les africains sont restés distrait et avaient pour unique raison de vivre et de pensées les choses qui distraits les populations. Nous pouvons prendre pour exemple le sport, le tourisme, les loisirs et quelques brins de politique comme si ces éléments sus cités pouvaient constituer des axes sérieux de croissance et de développement. Sinon comment comprendre que l'agriculture pour sa part dans le Produit Intérieur Brut estimations faite par l'OCDE, est seulement à 12 pourcent alors qu'elle emploie plus de 60 pourcent de cette population. Un constat grave se dégage : ***« en Afrique la richesse n'est pas là où les gens se trouvent, c'est le paradoxe de l'impressionnante croissance économique de l'Afrique avec un marché du travail atone ».***

D'autres personnes vous diront que le tourisme peut développer une ville que ce n'est qu'une pure illusion car si nous partons par principe du fait que la ville de Cannes est l'une des villes les plus visites en France nous devons aussi nous rendre compte qu'elle fait partie des communes pauvre de France, car l'économie touristique ne profite pas à la masse populaire car les touristes dorment dans les hôtels de luxes, mangent dans les restaurants de luxes cet argent retourne vers ces promoteurs et investisseurs qui pour la plupart ne sont pas résidents de cette localité et qu'est ce qui reste dans la ville rien.

Sur le plan économique il n'y a pas de honte à copier les exemples qui ont fonctionné ailleurs.

C'est pour cette raison que les Africains doivent comprendre ce qu'a déclaré la Banque Africaine de Développement, et ce à juste titre que : ***« l'industrialisation est une condition préalable pour la transformation économique de l'Afrique ».*** Cette industrialisation ne peut être mise sur pied que si nous avons gagné la bataille de l'énergie. Ainsi comment comprendre qu'avec les sources d'énergie riches et variés dont regorgent le continent africain nous n'avions pas encore pensé à démocratiser l'accès à ces sources alternatives et aux énergies renouvelables! Les états africains doivent intégrer une fois pour toute que la technologie s'acquière de deux façons:

- Soit nous l'achetons et sur ceux il va falloir être plus convaincant par exemple en mutualisant nos commandes publiques et en exigeant du fabricant qu'il produise ou fabrique tout ou une partie du produit sur le sol africain, nous pensons que la commande publique pourra dans ce cas de figure constituer un puissant levier de développement économique qui pourra drainer des flux financiers importants au fil des années et peut vraisemblablement représenter la moitié voire le deux/tiers du budget général et qui servira à l'acquisition des industries et des savoirs faires dignes de ce nom;
- Soit en adoptant une approche scientifique propre et inventer les machines dont nous en avions ou aurions besoin pour le développement de notre industrie, peu importe l'approche il va falloir débourser les sommes nécessaires, heureusement ce n'est pas ce qui nous manque le plus l'argent.

Nous pensons que le temps est venu pour que les africains comprennent que l'industrie doit représenter plus de 50 pourcent du Produit Intérieur Brut (PIB) et devraient employer une bonne franche de la population. Les entrepreneurs économiques doivent comprendre que dans le nouvel ordre mondial la véritable guerre et l'unique guerre est fondamentalement et essentiellement économique. Une fois qu'ils auront compris que nous sur le terrain de la guerre le changement de paradigme pour affronter leurs vis-à-vis qui se présentent à eux comme des partenaires mais en réalité ils sont des adversaires doit s'imposer. Le chantier est immense que l'on ne saurait abandonner aux mains inexpertes des politiciens car ces derniers n'ont rien compris depuis 60 ans ne comprendront rien si l'on les accorde deux cent ans.

La preuve qu'ils n'ont rien compris c'est qu'en Afrique aucun pays n'a de ***semencier nation.*** Pendant ***que*** les autres régions du monde notamment la Chine, l'Europe de l'ouest, l'Amérique du Nord produisent en moyenne 10 tonnes de maïs à l'hectare nous laissons des programmes financés aux frais du contribuable nous dire que le maximum qu'il faut produire à l'hectare c'est trois tonnes. Cette démarche est marquée d'une mauvaise fois caractérisée car on a laissé croire aux africains de manière sibylline qu'il faut cultiver 6 hectares pour un agriculteur pour pouvoir sortir de la pauvreté, ce qui est en soi une fumisterie. On rencontre des agriculteurs en Asie qui cultivent 400 mètres carrés dans des serres et qui sont pour autant riche.

Il y a un autre aspect qui frôle le ridicule c'est le fait que les instituts de recherche et d'innovation ne travaillent pas en étroite collaboration avec les entreprises ce qui fait que les inventions des produits et des procédés ne servent pas l'industrie local. Ces deux entités fonctionnent comme s'ils étaient dans deux réalités parallèles et qui ne peuvent jamais se rencontrer. Il est donc temps que la recherche et l'innovation soit réellement au service de l'industrie sinon comment pourrions-nous savourer la vie en nous disant qu'elle est belle quand les bons partenaires qui sont facilement identifiables pouvant nous accompagner pour faire avancer nos projets industriels et qui ne nous coute pas la mer à boire sont plutôt coptés par des personnes étrangères à notre écosystème économique.

Vivement que le peu d'entreprises qui relèvent du secteur industriel créent ces passerelles entre elles et les instituts de recherche et d'innovations. Les pouvoirs publics, les fondations locales caritatives ne devraient pas hésiter pour prêter leur concours financiers et leurs soutien aux instituts et personnes qui font dans la recherche pour le projet et dans l'innovation pour le progrès. Je terminerai ce paragraphe en disant aux africains que : « dans la guerre économique on ne cherche pas l'amitié de ceux qui ne partagent pas vos exigences». Et chaque Africains ou qu'il soit doit regarder sa vie sous un angle complexe, je dirai vers quatre directions. De face, pour savoir si la direction qu'il prend peut répondre à l'appel incessant de sa communauté, de sa collectivité, de son pays pourquoi pas de son continent. Derrière, pour se rappeler d'où nous venons car nous sommes des descendants d'esclave, puis colonisé, et maintenant néo-colonisé. En bas, pour ne marcher sur personne et surtout se souvenir des valeurs authentique qui symbolise l'africain. De côté, pour voir ceux qui nous accompagne véritablement dans ce chantier immense qu'est la renaissance du continent et en étant prudent pour ne pas être flouer car le monde est un village planétaire et on ne saurait vivre en autarcie puis que les nouveaux partenaires d'aujourd'hui que nous estimons sérieux et transparent peuvent par inadvertance se comporter comme vos anciens bourreaux. Comme pour dire dans la guerre économique il faut faire confiance à tout le monde par principe mais il faut surtout se méfier du diable qui réside en chacun de nous. L'Afrique doit toujours et toujours rechercher des accords vertueux et non des accords qui recherchent les positions de rente pour les élites et les autres catégories de population. C'est pour cette raison que l'apport du politique même si elle n'est pas capital doit être nécessaire.

Sur le plan politique il est plus qu'urgent que l'Afrique trouve sa place au sein du conseil des nations, cette place ne peut être vue et soutenue que si la vision que sous-tend les ambitions du continent africain soit porter par des politiciens et des leaders qui ont compris le rôle essentiel que doit jouer l'Afrique. Pour y parvenir il nous faut avoir des leaders inspirés et éclairés qui savent ce que vaut l'Afrique et ce qu'elle représente, pas seulement en termes de ressource non car les ressources sont périssables. Cela nécessité des connaissances empiriques stratégiques et géostratégiques c'est la raison pour laquelle nous plaidons pour une école de la pensée politique, stratégique et géostratégique africaine. Toutes les sociétés qui se respectent ont mis sur pied ce type d'institutions qui façonnent les leaders et les esprits qui seront appelés à gouverner demain. Pourquoi l'Afrique traine-t-elle le pas ? La réponse est simple l'Afrique n'a pas du tout compris ou si elle a compris, elle ne sait pas ce qu'elle veut ?
Nous rêvons d'une école de la pensée empirique africaine qui viendra déconstruire l'hégémonie de la pensée judéo-chrétienne qui nous a avilir. Afin d'éclore la pensée authentique nègre qui devrait se réveiller Afrique, déjeuner Afrique, balader Afrique, distraire Afrique, diner Afrique, siester Afrique, travailler Afrique, souper Afrique, voyager Afrique, distraire Afrique, Bref une entité qui formerait des personnes dont leur raisons d'être c'est l'intérêt suprême de l'Afrique. Je ne parle pas des dogmes éphémères qui pullulent de partout concernant le panafricanisme qui à notre est dépassé pas parce que le concept est mauvais en soi mais pour la simple et unique raison que géo stratégiquement parlant l'Afrique a perdu cette bataille. Pour y parvenir il nous faut une révolution inverse que l'école de la pensée purique africaine commence par remuer les masses et que ce panafricanisme ne soit un simple slogan mais un vécu quotidien ce n'est que comme ça que nous y arriverons.

Dès lors que la vision commune du continent serait partagée par tout le monde le peuple serait moins distrait dans des faux débats concernant les systèmes politiques, ou des considérations comme tel pays pratique la démocratie parlementaire, la démocratie communautaire, de système parlementaire de type orléaniste, de système présidentiel. Tous ces débats seront sans objet puisque l'Afrique aurait retrouvé sa voie ce qui fait les hommes changeront mais les politiques publiques ne changeront pas. Et toute personne qui aurait la lourde charge de présider aux destinées des populations ne devrait plus négocier avec son peuple puisque le contrat social serait déjà consensuel. Il aurait une charge simple qui est celle de satisfaire aux revendications les plus légitimes du peuple sans faire du chantage à celui-ci, en toute humilité, en accordant tout le respect et la bien séance au peuple. Il va de soi que le mensonge des leaders ne ferait plus partir du jeu politique, et il implémentera une politique vertueuse et transparence emprunte de vérité.

L'idéalisme sociétal dont nous rêvons tient compte du fait que la véritable source du pouvoir est la source, une fois dite les politiciens devraient comprendre que le peuple est ce genre de monstre chaud qui dévore tout sur son passage et ne s'aviserait pas à le mépriser, mais plus prêterait beaucoup d'attention et d'écoute aux soubresauts de celui-ci. L'Afrique a besoin de s'inscrire dans le cercle vertueux d'une justice qui soit l'émanation d'un vœu populaire ne ce vulgaire rapport de force social, et qui ne devrait être évolutive qu'en fonction de la seule volonté empirique et souveraine du peuple et non de ce fameux rapport de force. Enfin suivant cette logique, et dans cet entendement les vertus de l'équité, de liberté, d'égalité, de fraternité surplomberont tout et les leaders qui seront aux affaires ne travailleront que dans l'intérêt suprême de la nation et du continent. Et si un dirigeant veut consacrer son énergie à des activités plus lucratives il devrait sans honte ni préjugé quitter le champ politique qui devrait se vouloir puritain. Les politiciens de la renaissance africaine doivent être ou plus exactement avoir une conduite exemplaire et surtout être des modèles pour les administrés pour les générations futures et les générations avenir.

II- L'application, implémentation et adaptabilité des principes de bonne gouvernance impulsant les dynamiques institutionnelles de développement de l'Afrique.

Les principes de bonne gouvernance sont des notions universelles. Malgré universalisme de ces principes la versatilité des dynamiques institutionnelles propres aux écosystèmes politico-administratifs aussi variés que divers montrent que les solutions tirées des principes de bonne gouvernance peuvent s'appliquer et bien fonctionner à un zone **X** et ne pas fonctionner dans une zone **Y.** C'est pourquoi l'application doit faire preuve d'imagination, de cohérence, de rigueur et surtout de flexibilité.

A- L'application des principes de bonne gouvernance sur la gestion des ressources naturelles et la transformation des dynamiques institutionnelles de développement de l'Afrique.

Les principes de bonne gouvernance dans leur conception originelle relève du bon sens et du souci altruiste du leader pris au sens large du terme. Vue sous cet angle la gestion vertueuse d'une entité, d'un bien, d'un groupe devrait essentiellement être inspiré et motivé pour celui qui est appelé à prendre la décision de gestion par le sacro-saint principe de gestion en bon père de famille. C'est la carence énorme de ces principes vertueux qui laissent croire que le continent africain serait victime de la malédiction des matières premières. A la vérité c'est ce qui explique le phénomène économique qui relie l'exploitation des ressources naturelles au déclin de l'industrie manufacturière locale. Et pourtant nous avons de nos jours en Afrique la main d'œuvre la plus moins du monde, et la population la jeune et sensé être la plus dynamique au vue des défis qui sont siennes, le taux de chômage le plus élevé du globe. Il est de notoriété publique que le secteur industriel de transformation est l'un secteur qui peut le plus résorber les problèmes d'emploi et surtout c'est le secteur qui crée plus de richesse et de valeurs ajoutées propices pour la transformation des dynamiques institutionnelles et surtout le développement.

Les fondamentaux de la bonne gouvernance c'est de mettre en avant les avantages comparatifs des potentiels que l'on dispose pour en tirer le maximum de profit et de bénéfices. Le jour ou l'Afrique devrait comprendre que le véritable challenge et l'ultime défi à relever c'est irrémédiablement d'aboutir à l'éviction des secteurs d'exportation des matières premières ou des ressources naturelles à l'état brut, et aussi les importations des choses que l'on peut facilement produire par nous-mêmes c'est à ce moment que notre révolution et transformation commencera.

Les principes de bonne gouvernance mettent un terme à la stagnation économique et peut en revanche éviter l'instabilité politique, car l'exportation des matières premières en l'état génère certes des recettes substantielles qui servent à financer les recettes publiques, ces ressources ne sauraient être suffisant compte tenu des enjeux et des engagements dont font face les jeunes Etats africains. Ce qui est encore paradoxale c'est le fait que l'Afrique produit des ressources naturelles dont –il n'est pas celui qui fixe les prix. Et nous savons que la fixation des prix d'une marchandise ne repose pas seulement sur les seuls critères macro et micro-économiques mais est plus tributaire des enjeux géostratégiques, stratégiques et politiques. Pris sous cet aspect nous voyons que l'Afrique s'éloigne d'avantage des véritables leviers qu'il pourra actionner pour faire face à son destin. Il est souhaitable que l'Afrique se réapproprie voir se réinvente s'il veut combler les attentes énormes des populations et le temps ne joue pas en notre faveur.

Dans la mesure où la plupart des pays africains ayant des ressources naturelles non renouvelables (pétrole et autres minéraux) se comportent ou semblent se comporter comme si ce sont des ressources permanentes, ils ne tiennent pas compte des effets délétères des ressources extractives non renouvelables en investissant une bonne partie des retombés de ces ressources sur des projets, et des entreprises devant profiter aux générations présentes, futures et avenir. Nous le constatons pour le déplorer car les multinationales ont déjà considérablement siphonné les ressources naturelles de certains pays africains ils mettre un terme à ce genre pratique qui n'honore pas les populations. Le constat qui nous conforte dans notre démarche d'appeler les africains de retourner à l'application de l'orthodoxie des principes de bonne gouvernance est manifeste, nous faisons référence à la relation inverse entre développement et abondance des ressources naturelles de types pétrolières. Il est souvent affirmé que l'industrie pétrolière, en particulier, entraine des problèmes de déchets, corruption, consommation, surendettement, dégradation globale de l'économie, déliquescence des services publics, guerres et autres conflits, etc.

Ce qui parait ubuesque c'est que les nouveaux pays pétroliers ne tirent pas réellement les enseignements des échecs des anciens pays pétroliers comme si cette malédiction des ressources était un mauvais sort que l'on ne peut conjurer. Car au constat les pays richement dotés ont ainsi tendance à enregistrer une croissance plus lente que prévu par rapport à l'abondance de leurs ressources, et, dans de nombreux cas, que celle des économies pauvres en ressources. Si c'est réellement une malédiction, la thérapie choc passe par un exorcisme. C'est l'application pure et simple des principes de bonne gouvernance puisqu'il est manifeste que la malédiction des matières premières est symptomatique des con sidérations générales que les états concernés ont du point de vue de leur comportement. La question clé porte ici sur la manière dont celui-ci administre et utile la richesse procurée par l'abondance des ressources naturelles.

Historiquement, l'essor du secteur des ressources naturelles n'a pas toujours abouti à une détérioration des performances économiques de ces états on a même pu voir des économies en pleines mutations conduisant à une expansion de la croissance. L'on a constaté les fruits d'une gestion qui respecte l'orthodoxie de bonne gouvernance avec des résultats patents en Europe au moment de la révolution scientifique et industrielle, dans des nouvelles économies comme l'Australie, le Canada, les Etats Unis le Qatar, le Koweït, les Emirats Arabes Unis etc.

L'expansion économique des pays du golfe arabo-persique démontre à profusion qu'il n y a pas de malédiction qui vaille en ce qui concerne les matières premières. Car ces pays puisent dans les recettes tirées de leurs ressources naturelles pour bâtir des mégapoles en plein désert. Il en résulte un volume considérable d'activités économiques en aval et latérales, ainsi qu'un surcroit de revenus, ce qui renforce leur tissu économique, rend leur économie résiliente, promeut une croissance inclusive et crée par conséquent des milliers d'emplois et importe même la main d'œuvre.

L'application des principes de bonne gouvernance doit également tenir compte de l'équité intergénérationnelle. Un adage de la cosmogonie bamiléké dit : « ***l'on ne doit jamais mettre ses œufs dans le même panier ».*** Cet adage montre les pays titulaires d'énormes ressources naturelles non renouvelables qui leur rapportent beaucoup de devises devraient aussi voir dans quelle mesure ils peuvent investir massivement à l'étranger dans les économies viables et pleines de potentielles, ces politiques institutionnelles emprunt des stratégies appropriées permettent d'éviter ce que l'on appelle fréquemment ***« malédiction des ressources naturelles ».***

En fait l'on constate que là où les pays africains ont échoué d'autres ont réussi donc la piste de la malédiction est définitivement écartée, il est donc de bon ton de questionner les éléments ayant contribué au succès de ces derniers. A ces exemples de réussites deux constats se dégagent. Nous avons des facteurs politiques et sociaux. Pour ce qui concerne les facteurs politiques sommes dans des cas où nous avons à faire aux véritables démocraties et de l'autre côté nous avons à faire aux monarchies. Pour ce qui concernent les démocraties car la plupart des pays africains ont opté pour ce modèle de gouvernance, il faut juste comprendre que ceux qui ont réussi sont allés réellement vers les vraies concepts et vertus démocratique ou les pouvoirs séparés et se contrôles et non de démocratures (des dictatures maquillées en démocraties) comme nous le voyons partout en Afrique. Car ici le leader politique sacrifie les recettes d'exploitations pour s'acheter des véhicules luxes, des châteaux et manoirs à l'étranger, pour corrompre les institutions qui promeuvent la transparence et la bonne gouvernance, pour acheter des armes pour combattre son propre peuple qui aspire au mieux vivre et mieux être en revendiquant ce qui leur revient de droit ; c'est aussi ça la mal gouvernance.

La bonne gouvernance réside dans le fait que les politiques publics impulsées par les leaders promeuvent le développement inclusif, et que les dirigeants comprennent que l'intérêt suprême de la nation est au-dessus de tous et de lui-même y compris. Qu'il n'inféode plus les autres pouvoirs qui constituent les piliers de l'Etat de droit.

Nous sommes d'accord et c'est universellement acquis qu'il n y a pas de développement sans énergie. Une autre contradiction africaine réside dans le fait que les ressources énergétiques, fossiles, et renouvelables y sont abondantes, tous les ans on nous dit que l'Afrique à une croissance économique qui tourne autour de 5 pourcent, et que les équipements énergétiques datent de la période d'après les indépendances donc cette croissance ne profite pas à l'Afrique sinon le continent aurait pu se servir des fruits de cette croissance pour résorber le déficit énergétique préjudiciable aux populations ainsi qu'au développement de l'industrie et de l' économie de l'Afrique.

B- L 'adaptabilité au contexte africain des principes de bonne gouvernance sur la gestion des ressources naturelles et la transformation des dynamiques institutionnelles de développement

Si l'on prend en considération l'Afrique malgré ses turpitudes et ses contradictions qui peuvent s'apparenter à dessein à une malédiction ou à un paradoxe incompréhensible car nos politiques publics sont importés, ça veut dire que ces politiques ont été implémenté ailleurs avec des résultats probants et éclatants et quand on l'applique en Afrique ça ne fonctionne pas. Cela peut témoigner de la légèreté dont fait preuve l'élite africaine, ou tout simplement l'incapacité de l'Afrique à copier de manière exemplaire les bons exemples. Quoiqu'il en soit l'Afrique est et serait mal parti si l'on ne procède pas à une véritable césarienne de nos mentalités en rompant avec les mauvaises pratiques qui perdurent jusqu'à nos jours. Si les africains changent l'angle de regard de leur continent, ils se rendront très vite compte qu'ils ont un très beau et éclatant continent, le plus riche potentiellement parlant quoique le plus négligé, d'une superficie de 30 221 532 km^2 en incluant les îles, continent couvrant 6 pourcent de la surface de la terrestre et 20.3 pourcent de la surface des terres émergées, avec une population, estimée de nos jours a plus d'un milliard d'habitants, et représentant près de 20 pourcent de la population mondiale et avec 43 pourcent de jeunes qui ont moins de 20 ans.

Rien que ce constat ci-dessus donne droit à rêver d'une Afrique qui se réveille et donc le futur est radieux, car les statistiques ci-dessus mentionnées montrent qu'il y a un vivier pour son développement. Il est donc plus urgent que l'Afrique adoption et adapte ses politiques publics en s'inspirant uniquement des notions de bonne gouvernance. Cependant ce chantier n'est ne saurait rester la chasse garde des pouvoirs publics car tout le monde croit en Afrique excepté les africains. C'est pourquoi nous appelons à une véritable conscience africaine.

Car il est difficile de nos jours du reste d'imaginer l'Afrique autrement que sous les traits sévères qu'on lui prête généralement. Et pourtant, « Le Monde Diplomatique », N°108, n'a pas trouvé meilleur titre que « Indispensable Afrique ». Si notre continent est indispensable au bon fonctionnement de l'économie mondiale, il est alors possible qu'on se pose une seule question : *« pourquoi l'Afrique peine à se développer au même rythme que les autres ? »* Autrement dit « ***pourquoi l'Afrique répond jusqu'à présent absent aux rendez-vous de son propre destin ?*** » Si nous tenons à le savoir, nous osons croire que la réponse réside dans l'adoption des bonnes pratiques managériales et l'adaptabilité des principes de bonne gouvernance au contexte africain qui devrait tenir compte de l'éducation qui est au service de la transformation sociétale et du développement, de la formation qui a pour but ultime la libération du continent africain du joug de la servitude et enfin l'aspiration profonde de toute élite intellectuelle africaine sur cette terre qui ne devrait être rien d'autre que celle de voir notre peuple se réveiller de son coma profonde. Cela a été le but et la motivation qui nous a poussés à rédiger cet article et dans cette logique que nous n'avons jamais fait mystère de notre volonté de réveiller les consciences endormies.

La bonne gouvernance à notre sens devrait résolument tourne le dos aux aides extérieures, l'Afrique doit changer cette habitude qu'on a de penser que les mérites d'un ministre de l'économie restent attachés à ses efforts de mobilisation de l'aides extérieures et à annuler les anciennes, car en dépit du fait que l'aide n'est pas élément de la bonne gouvernance à notre sens, elle constitue un piège. L'un des griefs que l'on peut coller aux politiques publiques de nos jours c'est que ces derniers ne semblent pas toujours acquis à s'en débarrasser. C'est la raison pour laquelle, dans son livre « ***L'Aide Fatale*** », l'économiste **Dambisa MOYO** s'insurge contre l'assistance portée à l'Afrique. Dans sa démonstration, elle n'y va d'ailleurs pas avec la tendresse qu'on connait aux femmes. Selon elle, il faudrait fermer les robinets, en finir définitivement avec l'aide au continent noir et ce, pour le bien de l'Afrique, pour la sauver, l'aide étant la cause de tous ses maux, de son sous-développement.

Pour clore ce paragraphe, nous emprunterons deux citations de deux présidents africains sur la dette comme élément de gouvernance. Dans son interview accordée au Time, le président **Paul KAGAME** a déclaré : « ***maintenant il faut poser une question à nos donateurs et partenaires qui ont tant dépensé d'argent : qu'est-ce que cet argent a changé en Afrique*** ? ».

Dans la même veine on se rend à l'évidence que dans les 50 dernières années l'Afrique a reçu près de 400 milliards de dollars US ou un peu plus sous forme d'aide. ***« Mais quels en sont les résultats visibles ?»***. D'autres esprits pourront vraisemblablement dire que le problème n'est pas l'aide mais la gouvernance de l'aide. Pourtant à notre connaissance il y a eu plusieurs aides destinés à la transformation structurelle des économies et qui indiciblement devrait interpeller les principes de bonne gouvernance. Oh que la réponse se situe dans l'assertion du président ***Abdoulaye WADE*** qui aurait dit en 2002 : « ***Je n'ai jamais vu un pays se développer grâce à l'aide et au crédit. Tous ceux qui ont réussi, en Europe, en Amérique, au Japon, en Chine, ou en Asie comme Taiwan, la Corée, Singapour ont cru au marché. Il n'y a pas de mystère ici. L'Afrique s'est trompée de route après les indépendances*** ». C'est donc dire que le juste et fol espoir de l'endettement est berne. Mais une fois qu'on a dit ceci, se pose alors la sempiternelle question de l'attitude à adopter? Et l'on retourne toujours au même concept d'adaptabilité des principes de bonne gouvernance dans la gestion des ressources naturelles.

Un dernier pan qui pourrait et devrait avoir un effet multiplicateur sur l'indice de développement humain et la croissance inclusive sans occulte le développement, c'est la convocation de la spécialité bancaire et financière dans les pratiques managériales et la gestion des ressources naturelles. Il est vrai le secteur financier est encore embryonnaire mais l'on peut convoquer la pratique bancaire chinoise. Car les africains sont de plus en plus contre l'exploitation des matières premières abondantes sous le financement des aides extérieures sans qu'en résulte un véritable décollage du continent ; Alors au lieu de recourir à l'aide extérieure les principes de bonne gouvernance invoquent de faire recours à l'épargne locale. Pour y arriver il aurait fallu d'implémenter un mécanisme financier et bancaire qui incite à l'investissement et de ce fait on devrait facilement tourner le dos aux aides extérieures. Car le bon sens vaudrait que, ce que l'on peut trouver sur place, on a plus besoin d'aller chercher à l'extérieur à moins que l'on soit complexé ou que l'on refuse de couper le cordon ombilical qui lie l'Afrique aux anciens colons. La spécificité bancaire devrait épouser la spécificité des secteurs d'activités.

C'est dans ce sens qu'on devrait avoir des banques agricoles pour financer les projets agricoles avec ce que cela comporte ; les banques de communications pour financer les activités liées à la communication, les banques de télécommunications pour financer les projets de télécommunications, les banques de constructions pour financer les projets de constructions et les projets infrastructurels, les banques d'investissements pour le financer des investissements à moyen, long terme et surtout des projets structurants et d'envergures et à côté de cela nos traditionnelles banques commerciales qui financent les projets à court terme. En tout cas pour nous la nouvelle gouvernance des matières premières que nous proposons dans cet article épousent comme un jeu la spécificité africaine qui comme un loto, ou un bingo en ligne fait fi de l'aide publique au développement, ainsi que des financements innovants mais s'élève comme un financement et une gestion originelle propre à l'Afrique. C'est ce que nous qualifions comme notre devise nous les adeptes de la bonne gouvernance de notre patrie qu'est l'Afrique. C'est ce qui devrait être à jamais gravé dans nos mémoires en ces termes : ***« nulli concedo»*** c'est-à-dire n'appartenir à personne c'est ce à quoi nous devons aspirer pour le continent africain, c'est le droit à une vie honorable, à une dignité sans tâche, à une indépendance sans restrictions.

Bibliographie :

a) ARTICLES

Commission européenne. (2017), « *faire des marchés publics un outil efficace au service de l'Europe* », dans communication de la commission au parlement européen, au conseil, au comité économique et social européen et au comité des régions, com. (2017) 572 final, pp. 1-18 ;

République Française, Ministère de l'Economie de l'Industrie et du Numérique, Direction Générale des Entreprises (2015), « *La commande publique : un marché pour les innovations* » pp. 1-12 ;

République Française, Ministère de l'Economie et des Finances, Direction des Affaires Juridiques, Observatoire Economique de la Commande Publique, (2019), « *Guide Pratique de l'Achat Public Innovant* », Version 1, pp. 1-51 ;

M. NDIAGA DIAGNE. Responsable administratif et financier Centre d'Etudes de Politiques pour le Développement (CEPOD), République du Sénégal, Ministère de l'Economie et des Finances, « *la mise en place de systèmes efficaces de passation des marchés publics est-elle nécessaire pour l'amélioration des performances de l'administration ?* », pp. 1-10

LOÏG CHESNAIS-GIRARD. (2009), « *Schéma des achats économiquement responsables* **», Synthèse, pp. 1-20 ;**

OCDE. (2016), « *Prévention de la corruption dans les marchés publics* **»,** OCDE des politiques meilleures pour une vie meilleure, pp. 1-32 ;

Royaume du Maroc, Conseil Economique et Social, (2012), « *la commande publique, levier stratégique de développement économique et social* **», pp. 1-13 ;**

Action prospective proposée par le CERDD et la CCI Grand Lille. Dossier réalisé par ATEMIS. (2014), « *commande publique & économie de la fonctionnalité dans la perspective de la ville durable*», pp. 1-17 ;

b). RAPPORTS ET AUTRES

Lois de finances de l'exercice 2019 en République du Cameroun ;

Agenda 2063 de l'Union Africaine ;

Chambre de Commerce et d'Industrie-Paris Ile –de-France, Rapport présenté par Nicholas MOUFFLET au nom de la Commission Commerce et adopté à l'Assemblée générale du 2019, « *Cinq clés pour faire de l'achat public un vecteur d'innovation, au service des entreprises et de la performance économique* », pp. 1-38 ;

Nos recommandations en faveur des PME ouest-africaines, « *L'accès à La commande publique en Afrique de l'ouest* **», pp. 1-20 ;**

Dr ERIC PATRICK L. KY. (2011), « *définition d'un plan stratégique de formation de l'autorité de régulation des marchés publics (ARMP) de la république du de la du Congo* **», pp. 1-94 ;**

Région Bretagne, Direction des Affaires Juridiques et de la Commande Publique, Session du Conseil régional. **(2018),** « *La politique d'achat au service de l'économie Schéma des achats économiquement responsables* **».**

c). WEBOGRAPHIE

« La commande publique : un marché pour les innovations », disponible sur :

www.entreprises.gouv.fr/politique-et-enjeux/achats-innovants ;

L'aide internationale nuit-elle au développement économique ? Disponible sur https://www.lefil.ulaval.ca/laide-internationale-nuit-elle-au-developpement-economique/;

Public Procurement and Aid Effectiveness: Disponible sur

https://www.bloomsburyprofessional.com/uk/public-procurement-and-aid-effectiveness-9781509922437/?utm_source=Adestra&utm_medium=email&utm_content=Public%20Procurement%20and%20Aid%20Effectiveness&utm_campaign=PIL%20%26%20Trade%20UK%20Newsletter%208.8.19

d). OUVRAGES

BERNARD MESSENGUE AVOM. (2013), La gouvernance de marchés publics au Cameroun, Les éditions le Kilimandjaro(EDLK) Yaoundé-Cameroun.

L'économie africaine face aux contingences et contraintes extérieures

Par **Christophe NSIPEUFEU KAMGUIN**

Résumé / Abstract

Le continent africain constitue un énorme vivier en termes de ressources de tout ordre, il est donc paradoxal de relever que cet énorme potentiel au lieu de contribuer indéniablement à l'émergence du continent s'apparente plutôt à une malédiction pour le continent. Au vu de ce constat, il y a lieu de s'interroger sur : Comment les fluctuations de la valeur des exportations de ressources contribuent-elles à la volatilité de la croissance du PIB par habitant et du développement en général ? Quels facteurs socio-politiques permettent à certains pays disposant d'abondantes ressources naturelles d'utiliser celles-ci pour promouvoir leur développement, et lesquels empêchent d'autres de faire de même ? La gestion des ressources naturelles compromet- elle réellement les perspectives de croissance de l'Afrique ?

Les objectifs de cette étude consistent à relever les contraintes qui plombent l'économie du continent, d'identifier les faits matérialisant les contraintes, et de déterminer les actions susceptibles de résoudre les difficultés et de saisir les opportunités. Pour ce faire les données de la banque mondiale et de la banque africaine de développement ont été utilisées.

Il ressort de l'analyse factuelle des différentes données recoupées que les états africains ayant appliqués les politiques publiques importées ont les mêmes difficultés à relever les défis de développement et de s'inscrire résolument sur la voie de l'émergence. Les pouvoirs publics inféodés à quelques exceptions près peinent à contourner les contraintes et à transformer l'énorme potentiel dont dispose leur pays respectif.

L'Afrique devrait faire sa mue en implémentant sa propre vision qu'elle a de son développement propre et des instruments qu'elle doit actionner. Ces instruments stratégiques et géostratégiques doivent être original et originellement penser par les populations pour la croissance incluse. Celle-ci passe par l'investissement tous azimuts des états dans les secteurs clés intensifs en main-d'œuvre en occurrence les activités du secteur primaire.

Mots-clés : ressources, émergence du continent, malédiction, les fluctuations, volatilité de la croissance, ressources naturelles, promouvoir le développement, gestion des ressources naturelles, perspectives de croissance, les contraintes, analyse factuelle, défis de développement, pouvoirs publics inféodés, investissement tous azimuts, secteurs clés intensifs en main d'œuvre.

Introduction

L'économie désigne l'ensemble des activités d'une collectivité humaine relatives à la production, à la distribution et à la consommation des richesses. Nous ne pouvons mieux cerner la notion d'économie que si l'on la prend dans un système bien établit régissant les activités dans un pays ou une communauté. En effet nous nous trouvons de nos jours dans un monde en perpétuel mutation et donc la globalisation s'impose de plus en plus aux nations, et par conséquent aux sous-régions et régions du globe.

Au XXI e siècle, on ne peut penser une économie qui ne soit pas influencé par les politiques économiques extérieures, étant donné que nous sommes dans un village planétaire. Il est question pour nous d'étudier l'impact de ces contingences ou contraintes sur les économies africaines. Tout d'abord il nous faut comprendre les faits et les éléments qui pourraient entraver la bonne marche de l'environnement économie africaine. Est-ce que les économies africaines font toujours face aux évènements imprévisibles, ou aux circonstances fortuites comme si l'Afrique n'est pas le principal acteur de son challenge ou défi économique ? Ou tout simple les soubresauts dont fait face les économies africaines sont les résultantes des pressions morales ou physiques savamment orchestrées et exercées sur les économies africaines ? Bien évidemment si l'on n'intègre pas tous ces paramètres l'on doit s'éloigner inexorablement du véritable enjeu qu'est la guerre économique. Malheureusement, l'on est en droit de constater que l'Afrique est la zone au monde qui semble ne pas être suffisamment préparé pour aller dans cette nouvelle confrontation qui est plus féroce que l'esclave et la colonisation. Plusieurs rapports révèlent que le niveau de conscience collective africaine sur l'aspect de la stratégie que devrait adopter l'Afrique pour aller dans cette guerre économique n'est pas important. Pour preuve il y a très peu de stratège en géo économie et en intelligence économique sur le sol Africain de nos jours.

Nous sommes plutôt favorables à l'éclosion des techniques économiques propres à l'Afrique. En ce sens que les économistes africains devraient être à même de développer et de construire de manière originelle et originale une pensée économique propre à l'Afrique, qui devrait bien évidemment tenir compte des réalités du continent et surtout de la place que l'Afrique devrait avoir ou se projeter d'être au sein du conseil des nations. De ce fait aucune mesure d'où qu'elle vient ne saurait surprendre l'Afrique, ou tout simplement faire en sorte que nos économies se reforment au gré et au désir des partenaires étrangers.

Nous pensons que ce n'est qu'ainsi que la grandeur tragique de l'Afrique devrait pouvoir se déployer, car pour une fois l'Afrique n'aura plus jamais à mettre un mouchoir sur ses certitudes. Si les indépendances ont conféré à chaque pays africain, une certaine autonomie politique de juré, l'autonomie économique s'inscrit sur la même logique, car les économies africaines peines à résorber les inégalités sociales, qui sont des véritables sources ou des éléments qui peuvent alimenter les guerres et les instabilités sociales. C'est fort de ce constat que nous croyons fermement que l'Afrique doit éminemment cherche la voie de sa voie sur le plan économique afin d'éviter les contingences et les contraintes extérieures qui font en sorte que son économie tend à se reformer a moindres choc extérieur. Si on y arrive l'Afrique serait à mesurer de compter sur elle-même et non sur les recommandations, les reformes exogènes ou dans une certaine mesure des aides extérieures.

L'émergence des économies africaines devrait permettre à la mère Afrique non seulement de stopper avec succès les flots des migrants africains qui périssent tous les ans dans la méditerranée et dans l'atlantique, et qui se voilent refouler aux portes de l'Europe par ce que ces derniers disent « refuser la misère du monde », face à cette palissade dressée par ceux qui viennent squatter nos richesses, l'Afrique gagnerait à créer et implémenter des politiques économiques pouvant nous permettre de lutter contre le pillage systématique et légalisé à la fois de nos richesses, de nos ressources naturelles et de nos matières premières véritables poumon de nos économies embryonnaires.

Compte tenu des contingences dont fait face les économies africaines il est important d'avant de pensée à une stratégie du développement économique de l'Afrique de dresser un bilan économique du continent depuis les indépendances. Les faits sont sacrés et parlants, car le développement économiques de l'Afrique reste et demeure à nos jours embryonnaire en dépit de ses nombreuses ressources. Son développement serait sans doute moins décontenancé si des mesures vigoureuses, originelles, originales et efficaces étaient prises. Il est urgent que les pays africains révisent tous les contrats léonins qu'ils soient pétroliers ou miniers qui font la part belle aux entités extérieures à l'Afrique. Cette tâche n'est pas si simple quand on voit et sait que les foyers conflictuels ou les foyers de tensions sont alimentés par les multinationales occidentales dans l'optique d'exploiter gratuitement les ressources dont-ils ont besoins.

La voie de la voix de l'Afrique consiste à explorer une nouvelle approche qui est celle du « jeu collectif », pour reconquérir les richesses de l'Afrique. Qui serait donc profitable pour les africains, en inculquant aux africains la notion du patriotisme économique, et le développement, et le remodelage ou l'arrimage des royalties aux nouveaux exigences de développement économique et social qui serait appliqué à tous les états ayant des ressources pétrolières, les produits miniers et autres produits jugés stratégiques. Pourquoi ne pas nationaliser les secteurs stratégiques et assurer le transfert de technologie. L'Afrique pourra aussi créer des hubs ou tous les pays pourraient être des associés dans ces projets. C'est le seul moyen d'éviter que ces vautours de multinationales punissent les gouvernements les moins accommodants. A cet effet, l'économie africaine est comme ce malade qui se rend à l'hôpital pour se faire occulter le médecin sachant qu'il constitue son unique source de revenu s'arrange à entretenir la maladie car en le soignant ce dernier perd ipso facto sa source de revenu.

Par un accompagnement spécifique sur le plan économique, l'Afrique cessera d'être ce malade qui s'ignore et qui voit son mal être entretenu par un médecin véreux, et cherchera la thérapie idoine pour sa maladie par elle-même. Une fois que nous avons compris ces enjeux l'Afrique enclenchera l'an zéro de son développement sur le plan économique et mettra sur pied des projets économiques intégrateurs à forte valeurs ajoutées. Sinon comment comprendre que la base de tout développement économique est l'élevage et l'agriculture, nous en Afrique nous peinons encore à satisfaire les besoins des populations dans ce sens c'est-à-dire à être auto-suffisant alimentairement et pourtant l'Europe, l'Asie du sud-est la Chine et l'Amérique du nord continue d'appliquer la politique des quotas. Le constat est simple si ces derniers applique la politique des quotas ça montre à suffisance que l'élevage et agriculture est si facile. D'où la question de savoir qu'est ce qui cloche en Afrique à défaut d'appliquer ces politiques des quotas pour des raisons de surproduction que nous soyons au moins à mesurer d'atteindre cette autosuffisance alimentaire tant souhaité par les dirigeants et pouvoirs publics africains.

Notre démarche est de déceler les failles du système économique africain et d'apporter des réponses à ces difficultés économiques qu'est confronté l'Afrique. Nous voulons également déconstruire cette idée saugrenue en Afrique qui dit que « La souffrance c'est normal sous prétexte que c'est une école de sagesse et pourtant c'est faux puisque quand un descendant hérite de son ascendant qui a passé sa vie à lui prêcher ces sornettes en laissant un patrimoine ces héritiers gaspillent ce patrimoine parce que de leur vie il n'avait jamais eu de l'argent. Ils font ce que l'on peut qualifier de rattrapage. L'Afrique doit exploiter les failles de la mondialisation pour frayer son chemin sinon elle sera condamnée à mourir de sa belle morte dans ces multiples fronts de guerres qui ont fait leur nid dans la mondialisation. Nous invoquerons également le financement du développement en Afrique, ainsi que l'impact des ressources extérieures sur le financement du développement endogène.

I- Le financement du développement en Afrique

A- Le financement adéquat du développement

Le financement du développement en Afrique est avant tout une question de stratégie. Au-delà de l'épineux problème de la recherche des ressources financières pour adresser les questions de développement de l'Afrique. Le plus grand défi du continent c'est créé les mécanismes de financement adéquats et adaptés au continent africain. La dépendance du continent aux aides extérieures pour financer les politiques de développements tend à maintenir l'Afrique dans son coma profond, qui l'empêche d'expérimenter sa propre politique de développement. A l'évidence l'Afrique fait face à un déficit structurel et surtout organisationnel, c'est la raison pour laquelle en plus de la dépendance en matière de défense et de sécurité chronique, la levée des financements propice à financer son développement reste et demeure son talon d'Achille.

Face à ce constat, les mutualisations des économies à travers les sous espaces économiques intégrateurs à caractère sous régional ont vu le jour. Sauf que les évaluations à mi-parcours de ces institutions sur leurs capacités à financer le développement reste questionnable. De prime abord nous pensons que bien qu'organisationnellement ces entités sont louables structurellement il est souhaitable de passer à un espace intégrateur à caractère régional. Il est vrai que la Banque Africaine de Développement œuvre dans ce sens mais elle n'est pas en soi une banque d'émission.

A l'exception de l'Union du Maghreb Arabe (UMA), à l'existence véritablement fictive, il serait souhaitable que les autres sous-régions économiques appliquent et implémentent des politiques publics en matière de financement de leurs économies identiques car les problèmes de développement en Afrique sont identiques. Les lacunes qu'ont les économies africaines à lever suffisamment les fonds nécessaires, capables à impulser des véritables dynamiques de développement réside dans le fait que la rigueur budgétaire ni est pas au rendez-vous ainsi que la défaillance du système bancaire dans sa capacité à mobiliser les ressources financières suffisantes. L'une des difficultés résident dans le fait que les économies africaines ont trop d'entrave pour générer des investissements plus important.

Nous osons aussi croire que l'Afrique n'utilise pas tous les leviers à sa disposition pour faire financer son économie, nous avons en occurrence le fait que rare sont les pays qui battent monnaies. Le secteur boursier est inexistant ou plus exactement encore embryonnaire.

L'Afrique devrait penser son développement de manière harmonieux en adoptant une synergie d'action. Les Etats africains sont sensés et tenus de se mettre ensemble sinon ils ne pourront jamais atteindre le potentiel qui est le sien. Les états d'Afrique doivent cesser de mener des actions économiques individuelles; et se mettre en synergie surtout quand un état X présente un avantage comparatif pour le développement et l'exploitation d'une telle industrie par rapport à d'autres. Ces derniers devraient fédérés leurs énergies et leurs moyens afin d'impacter durablement et efficacement le développement de leur pays respectif. Nous plaidons pour la création des hubs en Afrique. Le financement du développement en Afrique devrait s'opérer sur une logique coopérative, dans la mesure où jusqu'à nos jours il n y a pas de véritable grande entreprise, nous voulons dire des mastodontes peu importe le secteur d'activité pour la simple raison que l'Afrique évolue en rang dispersé et ces petites entreprises ne peuvent pas véritablement impacter le développement du continent.

Les exigences et les contraintes de développement en Afrique devraient intégrer le fait que le déploiement de partenaires extérieurs aux travers des aides ne saurait être suffisant sinon l'on pourrait faire le bilan des 60 années des aides extérieures à l'Afrique. Il est temps que l'Afrique trouve les moyens propres pour financer sa propre économie.

B- L'intégration africaine au cœur du développement

La bataille du développement et de l'émergence de l'Afrique passe également par la libre circulation des personnes et des biens. Elle est fortement conditionnée par la stabilité, la sécurité et la paix. Le renforcement du commerce intra-africain avec pour retomber les plus-values des différentes exploitations qui seront sensées être réinvestir sur le sol africain contrairement aux multinationales qui y sont actuellement dont le fruit de leur exploitation sont purement rapatriés hors du continent. Cette intégration africaine devrait bousculer les rapports de forces, en prenant en considération la capacité de réappropriation par les africains eux-mêmes de leur propre destin. La zone de libre-échange économique devrait venir structurer tout l'espace politique, économique et social des communautés faisant face à l'avancée inexorable des contingences et des guerres économiques, participant au renouvellement des linéaments d'une conscience de développement et d'émergence dispersée.

Dans le continuum des manières de penser le développement économique et d'agir des sociétés africaines par le truchement du financement inclusivement, l'on ne peut manquer de répertorier un certain nombre d'autres éléments au sein desquels coexistent plusieurs « logiques », il est question de réactiver, la logique de la circulation qui aurait pu exister dans l'antiquité sous le couvert d'états caravaniers attestant par la même occasion la dynamique des civilisations commerciales en imposant les conditionnalités globales de l'émergence par le financement endogène de nos économies et du développement, cela devrait résorber la dépendance des économies et contribuer au renforcement du tissu commercial et industriel de l'Afrique.

Cependant il apparait de manière plus pertinente de voir dans les processus d'intégration sous régionale et régionale lents et complexes une issue de sortie du gouffre dans lequel l'Afrique est plongée. Car la question reste et demeure au centre des préoccupations africaines. Les finances constituent en soi l'acteur dominant de l'espace politique, économique et social, les Etats font l'expérience des contraintes relatives à ses impératifs régaliens et à ses obligations, vu les nécessités du moment, de se fondre dans le processus d'une intégration régionale à laquelle l'on serait très bien préparé afin d'en tirer les profits escompter.

II- Ressources extérieures et financement du développement endogène

A- Les Ressources extérieures au service de la stratégie de développement

De toutes les aires géographiques, l'Afrique semble être le continent le plus exposé aux soubresauts et paradoxes. Qualifié souvent de « scandale géologique » en raison de son énorme potentiel économique, et avec sa population à plus d'un milliard d'habitants et ceux depuis 2002, le continent noir apparaît comme un terrain privilégié de compétitions entre les Etats et de rivalités entre grandes puissances. Tout porte à croire que toutes les puissances trouvent leur place en Afrique à l'exception des africains, peut-être par ce que les étrangers ses sentent plus africains que les africains eux-mêmes. Car comment comprendre que l'africain le mieux doté a besoin de plus 33 visas pour visiter tous les pays africains et pourtant l'américain ou l'européen en a besoin de moins d'une dizaine de visas. S'il faut inventorier les investissements privés investir sur le continent la part revenant aux africains en termes de pourcentage est de moins de 15 pourcent donc les ressources qui jusqu'ici ont financé le développement en Afrique sont essentiellement constituées des financements extérieures et par ricochet les produits de ces investissements sont rapatriés à l'étranger pour booster les économies occidentales ou tout simple réinvestir pour apporter la croissance et l'emploi ailleurs mais pas en Afrique.

C'est pour cette raison que les ressources extérieures investies en Afrique ne sont qu'en transit car une fois ces capitaux sont investis les fruits sont immédiatement rapatriés hors du continent.

Sur le plan des échanges, l'Afrique apparaît comme un « *nain économique* ». Non seulement, elle réalise environ 2.5 pourcent du commerce mondial, et surtout que ces échanges sont tournés vers l'extérieur et pourtant le continent a plus d'un milliard d'habitants et le paradoxe c'est que ceux-ci ne commercent pas entre eux. C'est ce qui justifie le fait l'Afrique est purement abonné aux ressources extérieures avec une réalité pareille son métabolisme politique, culturel et économique ne peut que peiner à trouver un niveau d'équilibre.

L'Afrique devrait réorienter les ressources extérieures allouées pour son développement en suivant un nouvel intérêt stratégique ce qui devrait permettre au continent africain de mieux se positionner dans le paysage des relations internationales de plus en plus dominé par le réalisme. Cependant pour qu'ils fassent mieux entendre sa voix dans le monde, les états africains doivent développer leur propre pensée stratégique, tout en tenant compte des réalités et des besoins qui les caractérisent.

Parce que le destin d'un peuple, sa prospérité et sa sécurité se déterminent de plus en plus à l'échelle régionale, voire planétaire, il est plus qu'urgent pour le berceau de l'humanité de parler d'une seule voix. Cela pensée nécessairement par l'émergence d'une pensée stratégique qui devrait constituer la clé du destin du continent, la boussole de son avenir et le moteur de sa croissance et de son développement. Partant de ce constat, nous pensons que, plus que jamais, le moment est venu pour les cadres et élites africains et surtout pour les jeunes d'aujourd'hui, qui feront l'Afrique de demain, de s'outiller et de maitriser les questions stratégiques et tous les instruments de prise de décisions, afin de mieux faire face aux questions qui n'impactent pas positivement nos économies et le développement de l'Afrique. Ce n'cst qu'ainsi que l'Afrique pourra faire face la concurrence qui s'apparente à une guerre avec les autres continents.

Les africains doivent intégrer dans leur manière de pensée une vision essentiellement stratégique de l'entrepreneur. Cette vision est essentiellement du projet possible constitue le pilier du système capitaliste. En optant pour un goût du risque suffisamment mesuré pour entreprendre les africains ou les états devraient s'éloigner davantage des ressources extérieures pour financer notre développement. Cette attitude est tributaire du pouvoir de conviction et souvent de coercition pour rassembler les ressources nécessaires à la réalisation du développement de l'Afrique.

Dans cette lancée on voit donc que l'entrepreneur, tel que perçu par Schumpeter, est un véritable stratège qui applique la méthode stratégique caractérisée entre autre par la rationalité, l'efficacité, la rentabilité, le calcul et le risque. Cette méthode excellente devrait être le leitmotiv des africains car la gestion d'une entreprise s'apparente à celle des Etats. Désormais les africains doivent comprendre que la stratégie ne peut donc plus être l'apanage des militaires. « Elle doit occuper désormais presque tous les domaines de l'activité humaine, chacun revendiquant « sa » stratégie. Parfois, plus simplement, on l'emploie comme synonyme de planification, d'organisation ou de gestion, pour le plaisir d'utiliser un terme prestigieux encore empreint de résonances guerrières ».

Les dérives sémantiques causées par l'intégration du concept de stratégie dans plusieurs secteurs d'activité à galvaudé son sens par moment. Conséquence de cet usage un peu abusif du concept de stratégie fait en sorte nombreux sont ceux qui la font plus ou moins inconsciemment. Mais il est plus difficile de faire de la bonne stratégie, d'autant plus que, si le nom de stratégie est souvent employé, les réalités qu'il recouvre sont généralement ignorées. Cette émancipation de la stratégie du joug de l'armée, permet tout de même de passer de l'intelligence militaire à l'intelligence du rapport à l'autre ce n'est qu'ainsi que l'Afrique tirera meilleur partie des contrats, des ressources et de ses rapports avec l'extérieurs.

La stratégie est un concept en pleine mutation. Il s'agit donc d'un corps de connaissances cumulatives, s'enrichissant à chaque génération. Selon le général André Beaufre « la stratégie ne doit pas être une doctrine unique, mais une méthode de pensée permettant de classer et de hiérarchiser les évènements, puis de choisir les procédés les plus efficaces. A chaque situation correspond une stratégie particulière ; toute stratégie peut être la meilleure dans l'une des conjonctures possibles et détestable dans d'autres conjonctures».

L'Afrique pour gagner face aux multiples challenges et surtout être à mesure de capitaliser sur les ressources extérieures, sa pensée stratégique doit susciter un vif intérêt au sein des populations et nous sortirons du carcan dans lequel nous sommes mis, le jour ou la pensée stratégique de développement africain devrait atteindre son âge d'or, car en effet, après avoir intégré progressivement les domaines de l'activité humaine, elle s'impose désormais comme un caractère conscient et calculé aux décisions par lesquelles on veut faire prévaloir une politique.

B- La pensée stratégique africaine une quête de soi pour le financement du développement endogène

L'Afrique, à l'exception de quelques pays comme l'Afrique du Sud, le Nigeria, semble être aux abonnés absents dans ce domaine crucial pour son avenir et son développement. Un état des lieux de la situation nous permet de constater que sur le continent noir, les questions de stratégie occupent une place peu significative. A l'heure où sur les continents européen, américain et asiatique, on assiste à une vulgarisation et un véritable essor de la pensée stratégique, ce dans l'optique de contrecarrer toutes les contraintes extérieures et de trouver le financement capable d'implémenter un développement endogène.

Les intellectuels africains qui incarnent la société civile qui dénoncent les failles d'un système, devraient susciter des révolutions et troubler l'ordre établi pour la simple raison que la connaissance affranchi l'homme. C'est donc une grossière erreur pour les militaires de considérer ces derniers de « dangereux et subversifs pour la stabilité de leur pays ». A l'inverse, les militaires seraient vus par l'intelligentsia africaine comme une corporation « aux aptitudes intellectuelles limitées » et qui obéît aveuglement. « Cette thématique était avant tout leur objet exclusif. Et c'est cet apparemment, devenu un réflexe monopolistique sur la pensée stratégique et la défense nationale, qui, à leurs yeux, semble fonder leur spécificité militaire ». Or, la vérité est que, contrairement aux idées reçues et d'un point de vue historique, anthropologique et épistémologique, les civils ont toujours joué un rôle capital dans la production stratégique. C'est vraisemblablement davantage dans la mise au point de techniques de chasse que dans les conflits avec ses semblables que les hommes du paléolithiques ont commencé à élaborer des manœuvres pouvant être à l'origine de la pensée stratégique. Ces pesanteurs ci-dessus cités ont empêché et continuent d'entraver l émergence de la pensée stratégique sur le continent africain.

La stratégie est l'arme fatale et nécessaire pour que le financement du développement de l'Afrique puisse atteindre le niveau acceptable et surtout de permettre à l'Afrique de competir avec les autres continent et il est manifeste que la véritable guerre est financière et économique d'où l'urgence de déployer une géostratégie et une stratégie du développement propre de l'Afrique.

Nous sommes en droit de confirmer à la suite du professeur Joseph Ki-Zerbo, que l'Afrique manque une pensée stratégique et globale avec des objectifs du financement du développement et de la croissance inclusive et surtout endogène.

Il convient de noter que l'émergence d'une pensée stratégique africaine devrait absolument être fondée sur la recherche pluridisciplinaire. Cette méthode tient compte de plusieurs domaines qui concourent à la sécurité et au développement des états et des peuples.

Le moteur de la pensée stratégique n'est concevable que dans une approche pluridisciplinaire. Elle ne pourra donc émerger véritablement véritablement sur le continent qu'à condition que les civils et les militaires travaillent en synergie. D'ailleurs, du point de vue démocratique, le militaire n'est –il pas toujours subordonné au civil ? Cette collaboration entre militaires et civils doit être fructueuse. Elle devrait être fondée sur des valeurs de convergence et de complémentarité. La recherche doit donc être considérée à la fois comme le moteur et le fondement du développement de la pensée stratégique sur le continent africain pour cela, il faut privilégier l'approche pluridisciplinaire.

Cela veut dire qu'étant donné qu'elle est applicable à tous les secteurs d'activités, la pensée stratégique doit faire l'objet de recherche tous azimuts. Elle doit être le centre d'intérêt de plusieurs disciplines comme la géopolitique, la science politique, la science financière, l'économie, les relations internationales, la sociologie, la défense, la diplomatie, etc. Considérée comme un instrument d'aide à la décision politique, au service d'intérêts des Etats, la pensée stratégique en Afrique doit avant tout, être cohérente, durable et globale.

Cela vaudrait dire que désormais, les stratèges militaires et les stratégistes civils sont appelés à collaborer en vue du rayonnement de leurs Etats respectifs et d'une façon plus générale du continent africain. La recherche pluridisciplinaire constitue le socle de la stratégie globale dans la mesure où, elle permet d'aborder de façon transversale, les questions qui touchent aux intérêts des états africains. La mise en œuvre d'une pensée stratégique nationale, fondée sur la notion de stratégie globale suppose désormais la mise en relation de toutes les structures nationales d'intelligence afin d'échanger l'information stratégique nécessaire à la rationalisation de la décision politique et à la sauvegarde des intérêts vitaux de l'Etat.

Le développement de la pensée stratégique africaine, à travers la recherche pluridisciplinaire, implique la définition de concepts et de méthodes, qui permettent de concevoir entre autres les doctrines de politiques étrangères et de défense nationale. L approche pluridisciplinaire combine donc les compétences militaires, financières, sécuritaires et civiles. Elle permet à la pensée stratégique de s'inscrire dans la durée et d'être abordée avec philosophie et universalité, qui seules permettent d'affronter avec succès le tribunal du temps.

Dans cette perspective pluridisciplinaire, la pensée stratégique devrait tenir compte des réalités géopolitiques du continent et être enracinée dans la culture des différents pays africains. En gros, la recherche pluridisciplinaire donnera son identité à la pensée stratégique.

Dans une Afrique de plus en plus confrontée aux conflits armés internes, qui ont tendance à se régionaliser, et face aux menaces de tout genre, la pensée stratégique devrait permettre aux pays africains d'envisager des solutions axées sur la sécurité globale. Ainsi, grâce à la recherche pluridisciplinaire, elle pourra s'articuler autour de la défense nationale, la sécurité publique, la protection publique, la protection des entreprises, la sécurité environnementale etc. Comme le disait **Kofi Annan**: « Ce dont nous avons besoin aujourd'hui, c'est un système global de sécurité collective qui permette d'appréhender toutes les menaces, anciennes et nouvelles, et les problèmes de sécurité de tous les états, riches et pauvres, faibles et forts. »

Le développement de la pensée stratégique en Afrique doit passer par une coopération interétatique et se manifester par des échanges entre secteurs publics et secteurs privés. Cela permettra de décloisonner la pensée stratégique, de la sortir du domaine militaire et de la situer au cœur de plusieurs domaines. Cette approche permettra aussi aux Etats africains de mieux appréhender, d'anticiper et de gérer les crises militaires et non militaires, de coordonner les renseignements préventifs, de déceler les signaux faibles et de suivre au plus près, l'évolution des dangers et menaces qui guettent le continent. La recherche pluridisciplinaire doit être la condition sine qua non de la construction et du développement de la pensée stratégique sur le continent africain. Elle doit guider toutes les productions intellectuelles qui émergeront dans ce contexte. Tout état qui servirait de plaque tournante à l'essor de cette pensée stratégique en Afrique doit être encouragé.

Bibliographie :

a) ARTICLES

Commission européenne. (2017), «*faire des marchés publics un outil efficace au service de l'Europe* », dans communication de la commission au parlement européen, au conseil, au comité économique et social européen et au comité des régions, com. (2017) 572 final, pp. 1-18 ;

République Française, Ministère de l'Economie de l'Industrie et du Numérique, Direction Générale des Entreprises (2015), « *La commande publique : un marché pour les innovations* » pp. 1-12 ;

République Française, Ministère de l'Economie et des Finances, Direction des Affaires Juridiques, Observatoire Economique de la Commande Publique, (2019), « *Guide Pratique de l'Achat Public Innovant* », Version 1, pp. 1-51 ;

M. NDIAGA DIAGNE. Responsable administratif et financier Centre d'Etudes de Politiques pour le Développement (CEPOD), République du Sénégal, Ministère de l'Economie et des Finances, « *la mise en place de systèmes efficaces de passation des marchés publics est-elle nécessaire pour l'amélioration des performances de l'administration ?* », pp. 1-10

LOÏG CHESNAIS-GIRARD. (2009), « *Schéma des achats économiquement responsables* »**, Synthèse, pp. 1-20 ;**

OCDE. (2016), « *Prévention de la corruption dans les marchés publics* »**,** OCDE des politiques meilleures pour une vie meilleure, pp. 1-32 ;

Royaume du Maroc, Conseil Economique et Social, (2012), « *la commande publique, levier stratégique de développement économique et social*»**, pp. 1-13 ;**

Action prospective proposée par le CERDD et la CCI Grand Lille. Dossier réalisé par ATEMIS. (2014), « *commande publique & économie de la fonctionnalité dans la perspective de la ville durable* », pp. 1-17 ;

b). RAPPORTS ET AUTRES

Lois de finances de l'exercice 2019 en République du Cameroun ;

Agenda 2063 de l'Union Africaine ;

Chambre de Commerce et d'Industrie-Paris Ile –de-France, Rapport présenté par Nicholas MOUFFLET au nom de la Commission Commerce et adopté à l'Assemblée générale du 2019, « *Cinq clés pour faire de l'achat public un vecteur d'innovation, au service des entreprises et de la performance économique* », pp. 1-38 ;

Nos recommandations en faveur des PME ouest-africaines, « *L'accès à La commande publique en Afrique de l'ouest* **», pp. 1-20 ;**

Dr ERIC PATRICK L. KY. (2011), « *définition d'un plan stratégique de formation de l'autorité de régulation des marchés publics (ARMP) de la république du de la du Congo* **», pp. 1-94 ;**

Région Bretagne, Direction des Affaires Juridiques et de la Commande Publique, Session du Conseil régional. **(2018),** « *La politique d'achat au service de l'économie Schéma des achats économiquement responsables* **».**

c). WEBOGRAPHIE

« La commande publique : un marché pour les innovations », disponible sur :

www.entreprises.gouv.fr/politique-et-enjeux/achats-innovants ;

L'aide internationale nuit-elle au développement économique ? Disponible sur https://www.lefil.ulaval.ca/laide-internationale-nuit-elle-au-developpement-economique/;

Public Procurement and Aid Effectiveness: Disponible sur https://www.bloomsburyprofessional.com/uk/public-procurement-and-aid-effectiveness-9781509922437/?utm_source=Adestra&utm_medium=email&utm_content=Public%20Procurement%20and%20Aid%20Effectiveness&utm_campaign=PIL%20%26%20Trade%20UK%20Newsletter%208.8.19

d). OUVRAGES

BERNARD MESSENGUE AVOM. (2013), La gouvernance de marchés publics au Cameroun, Les éditions le Kilimandjaro(EDLK) Yaoundé-Cameroun.

L'éducation : une arme efficace pour l'émergence de l'Afrique

Par **Christophe NSIPEUFEU KAMGUIN**

Résumé / Abstract

Les questions de développement et d'émergence devraient essentiellement tenir compte de l'éducation des hommes. La qualité de l'éducation et l'émergence d'une pensée stratégique en corrélations avec les réalités et les besoins doivent être mise en exergue. Ainsi les politiques publiques africaines devront d'avantages mettre l'accent sur une éducation qui tient compte des mutations du monde et des enjeux de développement qui sont propre au continent. Cependant il est opportun de s'interroger si le système éducatif tel que pratiqué en Afrique de nos jours a tenu les promesses de développement? Fort est de contacter sans complaisance que le système éducatif actuel ne répond pas aux questions développement. A la question de savoir pourquoi l'éducation ne répond-elle pas au problème d'emploi des jeunes ?

A l'évidence la stagnation du continent africain est primo tributaire de son système éducatif. Il est manifeste que l'Afrique devrait changer de paradigme en matière éducative en la rendant attrayante, compétitive et en opérationnalisant les apprenants dès le secondaire.

Tout ceci passe par l'insertion dans les systèmes scolaires et universitaires des programmes tels que les techniques de création d'entreprise, l'éducation centré vers la résolution et la gestion des problèmes propres à un environnement précis, ou plus concrètement de l'adaptabilité de l'éducation pour répondre aux préoccupations des populations, puis faire en sorte que l'éducation ait pour vocation ultime la recherche des solutions propres à l'auto-développement local, et enfin changer de paradigme éducatif en valorisant les avantages comparatifs d'un pays par rapport au monde.

L'éducation à l'entreprenariat devrait constituer la figure essentielle de notre politique de développement, car celle-ci requiert une véritable stratégie, de la méthode, de la rationalité, de l'efficacité, de la rentabilité, du calcul et du risque. L'inadéquation entre éducation et emploi décent en Afrique et la promotion de l'éducation appropriée devrait être questionnée dans le cadre de notre présente étude.

Mots-clés : questions de développement, émergence, éducation, qualité de l'éducation, émergence d'une pensée stratégique, mutations du monde, enjeux de développement, le système éducatif, la stagnation, auto-développement local, l'éducation à l'entreprenariat, inadéquation entre éducation et emploi décent, promotion de l'éducation appropriée.

Introduction

Le thème éducation vient du latin « educatio » qui signifie : action d'éduquer, de former, d'instruire quelqu'un ; le dictionnaire ***petit Larousse illustré*** ajoute à cette définition la manière de comprendre, de dispenser, de mettre en œuvre cette formation. Cette réflexion s'inscrit dans le contexte d'un continent qui peine à trouver ses repères et ses marques pour pouvoir enclencher son développement. La thématique que nous abordons dans cet article relève essentiellement de la pensée stratégique et du positionnement géostratégique qu'un pays, un continent se fait de sa propre vision de développement. L'éducation est un thème je dirai le thème que les politiciens adorent le plus au monde, lors des campagnes électorales ou lors de l'étalage de leurs programmes politiques ils font très souvent appel soit pour critiquer, soit pour proposer des alternatives. Cependant il est de notoriété publique que les régimes changes, il y a des alternances aux sommets des états, des programmes politiques évoluent avec des propositions nouvelles sur la question mais l'éducation reste et demeure le parent pauvre des politiques publiques africaines et pourtant elle devrait constituer la pierre angulaire, le socle sur lequel l'Afrique devrait bâtir son émergence. Nous pensons également que la question d'éducation constitue le défi majeur et la seule et unique arme dont peut s'en servir le continent africain si nous voulons prétendre à l'émergence.

Pour juguler le constat et mettre fin à ce paradoxe macabre qui montre que la population africaine est la plus jeune au monde sur le continent le plus riche, mais une population qui vit dans les pires conditions de la planète, il faut atteindre deux objectifs urgents et inclusifs : l'accès à l'éducation et surtout à une éducation de qualité sinon l'Afrique ne saurait survivre au 21 ème siècle. Autrement dit nous devons lutter pour notre survie car selon de la stratégie, les modes de pensées et d'appréhension du développement l'africain doit s'approprier la pensée de **Napoléon** qui disait : « ***La mort n'est rien, mais vivre vaincu et sans gloire, c'est mourir tous les jours.*** ». L'éducation ici revêt un enjeu d'une importance capitale : il s'agit de lutter pour notre survie et notre humanité. L'éducation de qualité reste et demeure notre véritable issue de secours. Alors quelle méthodologie éducative, quelle épistémologie éducative, quel contenu éducatif pourrait permettre aux africains d'être mieux formé et entrer en compétition d'égal à égal avec les autres citoyens du monde sans toutefois être assimilable à ces derniers mais en étant des africains authentiques et originels d'une part ? Puis quel peut être la didactique éducationnelle propice pour l'émergence économique du continent africain ? D'autre part quelle stratégie éducative d'implémentation des modes de pensées et d'appréhension du développement peut être mise en contribution afin que l'Afrique prenne une part active à la dynamique transformationnelle et la mutation structurelle de son continent et du monde entier ?

Les questions sus évoquées constitueront les axes névralgiques de notre argumentation tout au long de cet article car l'éducation est l'outil qui nous permettra de jamais mettre un mouchoir sur nos certitudes et c'est la clé qui nous permettra d'éviter la grande tragédie à laquelle est confronté le continent Africain au troisième millénaire. Nous sommes convaincus que la renaissance africaine pour prendre une ampleur nouvelle, elle doit dépasser le simple cadre de l'esthétique pour redéfinir le rapport de « l'homme africain » au monde et ceci passe par la conception des curricula et la définition des politiques publiques qui s'adaptent à nos besoins, ce n'est que dans ce sens que nous serions toujours au contrôle de notre propre destin, sinon nous allons continuer à souffrir comme c'est le cas si nos politiques publiques particulièrement celles qui ont trait à l'éducation dépendent des autres puisque ce sont des concepts dynamiques donc appelés à être reformés. Enfin l'Afrique a le devoir de concevoir et de bâtir une politique éducative qui doit être au service du développement des économies génératrices de prospérité et propices à la création d'une classe moyenne.

I- La méthodologie, l'épistémologie et la didactique éducative au service de la croissance et du développement de l'Afrique

La méthodologie est une étude systématique, par observation, de la pratique scientifique, des principes qui la fondent et des méthodes de recherche qu'elle utilise. Elle est également l'ensemble des méthodes et des techniques d'un domaine particulier.

A- L'ensemble des méthodes et des techniques éducatives au service du développement et de l'émergence de l'Afrique

L'éducation doit être essentiellement au service du développement. C'est dans ce sens que chaque pays développe son projet de développement et d'émergence. La réalité nous pousse à intelliger ces projets de développement s'ils ont respecté les méthodes et les techniques propres aux réalités africaines ou s'ils ont fait des copies palles ou ils ont emprunté des concepts génériques qui revêtent d'une ambiance folklorique. Ce qui nous pousse à tirer ce type de conclusion part des discours fallacieux, et peu sérieux que les institutions et le leadership actuel en Afrique utilise pour dépeindre une réalité qui s'apparente à tout point contradictoire. Sinon comment un état qui sort de dix années de crises socio-politiques en plein convalescence voir son illustre être décerné de la « canne de l'émergence » de la sous-région. Alors si ce n'est un coup de théâtre cela sent le gout d'une mauvaise blague et surtout d'une insulte à l'intelligence des africains. Pour saisir les lignes de fond de la transformation de l'Afrique par les intelligences africaines, il faut investir l'historicité de l'Afrique. C'est parler de l'apport de l'éducation reçue des colons et perpétue plus de cinquante année durant sur le développement du continent. D'où l'impérieuse nécessité d'en souligner les dénominateurs communs, qu'ont les pays de succession francophone, anglophone, lusophone d'Afrique par rapport à leur degré d'émancipation, d'éducation et surtout le rapport que ces populations ont avec l'énorme potentiel que regorge leur pays et l'utilisation qu'ils en font.

Nous sommes obligés de remarquer que rien n'a changé sur presque tout le continent africain. Du point de vue de la pensée, les politiques éducatives pratiquées par les colons lors de la colonisation sont les mêmes qui perdurent soixante ans après les indépendances. De ce fait vue la pauvreté et le degré de sous –développement de l'Afrique nous constatons que l'éducation n'a pas réellement apporté les solutions qui s'imposent. L'Afrique est toujours face aux mêmes dilemmes qui se retrouvent dans la mondialisation sans toujours jamais se questionner quelle est sa véritable place dans le concert des nations. L'Afrique subit les affres de la mondialisation. Les africains devraient faire bloc en rejetant l'existence de toute idée de destin collectif pour des peuples ex colonisés qui seraient automatiquement pauvres, esclaves et vaincus, et les autres libres, riches et puissants. Nous pensons que la globalisation ne saurait s'apparenter à l'assimilation, mais plutôt un élément d'inclusion dans la diversité qui doit forcément être destiné à réveiller les intelligences et à rassembler les dévouements. Enfin nous osons croire que dans l'esquisse du nouvel ordre mondial postcommuniste en gestation l'Afrique à un rôle important sinon une place de choix à jouer et pour en saisir les contours il faut réformer l'éducation qui devrait renforcer les capacités des générations présentes, futures et avenirs ; en les équipant suffisamment pour entrer en confrontation dans cet espace de mondialisation ou convergent voir divergent les stratégies et les défis géopolitiques structurant le monde du XXIe siècle.

La pérennisation des curricula éducatifs actuels entretient une certaine conflictualité dans les esprits critiques des jeunes africains et constitue en soi l'axe paradigmatique de l'analyse des dynamiques des politiques éducatives africaines. Elle est également l'un des principaux freins à l'émergence entendue comme le commencement de la mise en œuvre de la pensée stratégique dont nous allons rappeler quelques éléments clés. L'inadéquation entre la formation que l'on peut qualifier de savoir savant et les besoins du territoire ou tout simplement l'emploi. Dans les textes fondateurs de l'unité africaine de 1963 il était nécessaire de parvenir à une paix totale par la libération et le rassemblement de l'Afrique, conditions sine qua non de son émergence économique. A l'heure du cinquantenaire et plus des indépendances l'on peut valablement faire un bilan qui peut passer au cribles de la pensée critique. Les économies africaines sont moribondes pour ne pas dire qu'elle a stagné depuis la et continue de se dégrader. Nous pensons que les textes fondateurs de l'Unité Africaine, les pères fondateurs avaient oubliés de tenir comptes de la qualité de l'éducation qui devrait définir le type d'africain qui devrait être modelé par le système éducatif, ce que l'on était en droit d'attendre de lui et enfin du type d'élite que l'Afrique devrait produire. Nous pensons que vu sur ce prisme l'Afrique a lamentablement échoué car les méthodes et les techniques d'enseignement sont ceux applicables à des sociétés qui sont autres que l'Afrique par ricochet les solutions que ce système apporte aux problèmes de l'Afrique sont inadaptées.

Nous pensons que le contenu de l'agenda 2063 de l'Union Africaine a apporté une réponse satisfaisante aux questions de modélisations de la pensée authentique Africaine, de l'appréhension de son développement, d'émergence, de croissance inclusive, de la stratégie pour y parvenir sans oublier de l'approche didactique. Vivement que ces recommandations ne constituent pas seulement à l'étape des slogans vains mais que les africains procèdent à son implémentation sans aucune forme de procès. Une fois dit ce que nous avons dit ci-dessus nos craintes demeurent immense car un fossé existe entre les projetions et les ambitions d'une véritable politique éducatif propre et capable de transformer structurellement les économies africaines et son opérationnalité. Nos suspicions partage d'un constat manifeste qui est celui du non-respect des recommandations des textes fondateurs de l'Unité Africaine qui avait fait de la paix et la sécurité son cheval de bataille en reconnaissant la Capacité africaine de réponse immédiate aux crises comme dispositif transitoire et complémentaire à la force africaine en attente. 56 ans après l'adoption de ces textes fondateurs de l'OUA, les interventions militaires extérieures sont encore nombreux en Afrique. L'organisation des différentes missions de maintien de la paix des Nations Unies en Afrique sont en symptomatiques pour l'essentiel des capacités des étrangers de projection. Entre temps les faiblesses et les manquements des forces armées africaines sont évidents.

Certes nous pouvons décrier le fait que l'Afrique constitue le théâtre des guerres et des combattants des puissances occidentales, puisque l'Afrique ne fabrique ni armes, ni munitions. Mais cette assertion ne nous dédouane nullement pas de l'échec de nos politiques publics qui étaient censés éduquer, former, formater aux besoins les africains. Car à la vérité ce n'est pas l'arme qui pose problème mais plutôt celui qui l'utilise. Si à travers l'éducation on avait renforcé les capacités des africains leurs permettant d'évaluer leurs besoins, de questionner leur environnement, de transformer leurs besoins ou leurs difficultés en opportunités, en apportant par eux-mêmes les solutions adéquats à leurs problèmes on aurait définitivement tourné la page des conflits incessants et mis l'Afrique résolument sur le chemin vertueux de son émergence et de son développement.

B- L'épistémologie éducative au service du développement et de l'émergence de l'Afrique

Epistémologie : (étymologiquement ça vient du mot grec epistêmê, science, et logos, étude). Partie de la philosophie qui étudie l'histoire, les méthodes, les principes des sciences.

L'important marché économique que constitue l'Afrique s'apprécie sur la base de prévisions démographiques en constante hausse, d'immenses richesses du sol et du sous-sol et des besoins mêmes qu'expriment les africains. Pour la plupart extrêmement jeunes et de plus en instruits et éduqués, leurs goûts et leur consommation s'adaptent aux standards de la mondialisation. Qui à notre sens ne joue pas toujours à notre avantage dans la mesure où nous nous inscrivons comme des consommateurs des choses que les autres produisent et nous produisons ce que nous ne consommons pas. Certes les africains sont de plus en plus instruits et éduqués, cependant quel est l'impact de cette éducation sur le développement du continent africain ? Nous nous rendons encore compte que l'histoire des méthodes et des principes de la science de notre éducation ne nous profite pas fondamentalement. Et par conséquent ne peut en l'état être au service du développement de l'Afrique.

La philosophie qui devrait présider à nos méthodes d'enseignements et d'éducation devrait essentiellement et foncièrement être tournée vers les savoirs faires technologique et la transformation locale des richesses. Si nous la mettons cette philosophie au cœur d'un vaste mouvement de promotion et d'émulation saine de la pensée originelle africaine afin de la mettre au service de l'émergence des classes moyennes qui pourrait se consolider en des générations des hommes d'affaires dynamiques susceptibles de rejoindre les élites politiques. Et de par leurs actions devraient contribuer à un climat serein et apaisé offrant toujours plus de perspectives de développement et la rentabilisation de leurs investissements. Donc la bonne éducation est le facteur déterminant pour le renforcement de la paix, la stabilité, la cohésion sociale et du développement durable. Car c'est dans l'esprit des hommes que nait la haine, la méchanceté, la convoitise, la médisance, la jalousie et la guerre, c'est toujours dans ce même esprit qu'on peut cultiver les vraies valeurs d'amours, de savoirs faires, de paix, de partage et d'entraide.

Si l'on peut s'inquiéter à juste titre du chômage des jeunes, du taux de mortalité infantile et des épidémies (Ebola, sida etc.), on ne peut nier l'extraordinaire regain de vitalité à l'œuvre du point de vue des perspectives. Ceci ne pourra se faire que si nous changeons de perception ou la manière de voir notre continent ou du moins la manière dont nous voulons que les autres voilent notre continent. L'Afrique ne doit cesser de dépendre des autres plus ait des bailleurs de fonds pour la conception des curricula. Une les nouveaux curricula misent en œuvre l'Afrique devrait procéder au toilettage de sa perception qui souffre de la surmédicalisation de certains de ses drames, donnant une image réductrice et incomplète. Le regain de vitalité dont nous parlons aujourd'hui épouse les contours des enjeux d'aujourd'hui, il s'agit du branding et du marketing des avantages comparatifs dont disposent l'Afrique ajouter au programme de développement plus intelligent et plus équilibré.

L'Afrique est un continent en chantier permanent avec un bouillonnement tous azimuts : économique, politique, artistique et culturel... Ceux-ci devraient se reposer sur le socle éducatif. Car c'est le secteur éducatif qui serait à mesure de saisir toutes les dimensions, même s'il faut admettre que la rupture avec tout un pan de l'histoire des cinquante dernières années avec, par exemple, la remise en cause des survivances du « pacte colonial » et la renégociation des contrats miniers et autres contrats politiques léonins qui assujettissent les Etats signataires aux grands groupes économiques internationaux restent et demeurent de la merde à boire pour l'Afrique. La solution est unique et simple mais il faut une mure préparation sérieuse et rigoureuse.

La première étape une éducation qui devrait émanciper véritablement les africains et les décomplexés réellement. Ce n'est comme ça que le leadership africain et les populations pourraient couper le cordon ombilical qui leurs liées à leur anciens bourreaux. La deuxième étape est la croissance économique pérenne et endogène, l'Afrique doit être capable de nourrir sa population et d'exporter le surplus, elle ne devrait plus procéder nécessairement de la vente des matières premières comme cela fut le cas durant les deux générations précédentes. La compétitivité introduite par l'élargissement du marché africain aux investisseurs premièrement locaux puis étrangers soucieux du transfert des savoirs et du transfert des technologies devraient à notre sens constituer un signe de plus que l'Afrique a compris les enjeux de l'émergence. Pour y parvenir les Etats africains doivent être formel sur les exigences ayant traits à la définition des objectifs précis capables de répondre aux attentes et dans une certaine mesure faire actionner les partenariats judicieux avec les tierces personnes ou tierces puissances. La préférence nationale ou continentale devrait toujours guider la démarche des décideurs africains.

Pour toutes ces raisons, la dynamique d'émergence du continent devra s'appuyer sur l'impératif d'une coopération interafricaine en matière de paix et de sécurité, avec un vrai patriotisme africain, et un vrai leadership à la tête des Etats. La mobilisation de toutes les ressources nécessaires à la construction d'une Afrique forte et prospère, présuppose l'existence d'institutions fortes au sein des Etats, des gouvernants légitimes et non des gouvernants fantoches, d'une utilisation efficace et efficiente des savoirs faires propre contexte africain et la gestion rationnelle des richesses nationales dans chacun des Etats. Pour y parvenir la didactique éducative au service de la croissance doit être questionnée et même interrogée.

C- La didactique éducative au service du développement et de l'émergence de l'Afrique

Didactique : (du grec didaskein, enseigner). Qui a pour objet d'instruire ; pédagogique. Employé pour la vulgarisation scientifique ou technique. Science ayant pour objet les méthodes d'enseignement.

Cette science, cette pédagogie, cette technique éducative ayant pour objet les méthodes d'enseignement des concepts de développement et d'émergence de l'Afrique doit pouvoir s'inspirer du passé africain pour se projeter dans l'avenir. Pour ce faire nous allons fortement nous inspirer des travaux de ***Cheikh Anta Diop*** qui a schématisé les trois étapes de l'effacement d'un peuple.

Il l'a théorisé sous l'angle du meurtre intellectuel, la civilisation occidentale nous a fait comprendre que l'africain n'a pas d'histoire. Ce black nihilisme a été repris par l'ancien président français Nicolas Stéphan Sarkozy lors de son discours de Dakar où il disait : « l'Africain n'est pas assez entré dans l'histoire ». Cette posture d'un dirigeant français n'est pas une erreur de locution mais elle relève d'une véritable stratégie de domination. C'est dans cette logique que la civilisation judéo-chrétienne a érigé et construit leur hégémonie sur le fait que l'africain n'est capable de rien, sa culture est du folklore, ses religions et sa culture sont de la sorcellerie, ses langues sont des dialectes etc… Lorsqu'ils ont fini de déconstruire intellectuellement les valeurs négro-africaines ils sont montés d'un cran en actionnant sur le meurtre moral.

Ce meurtre moral consiste à faire savoir à l'africain qu'il n'est pas à même de décider de ce qui est bien ou mal, de réfléchir par lui-même ; nous avons qualifié cela d'afro-pessimisme. Car l'objectif est de faire en sorte que l'africain ne soit pas capable de prendre les décisions lui concernant, c'est autant clair que toutes les crises que traversent l'Afrique les solutions viennent toujours de l'extérieures. L'élite intellectuelle africaine est comme si nous sommes moulés pour ne pas penser par nous-mêmes et que nous sommes des simples exécutants, à l'évidence les africains doivent voir tous selon l'angle et la pensée de l'occident qui par ailleurs étaient l'ex oppresseur, lui seul (l'occident) doit vous donner le consentement moral afin d'entreprendre toute action. Nous avons des leaders africains déclarés la guerre contre les terroristes plutôt à l'étranger, et plus encore ces derniers décident d'entreprendre des actions contre leur peuple depuis les capitales occidentales comme s'il prenait des instruments chez son maitre pour diriger son pays qu'il prétend dire souverain.

Ceux qui accentuent et font perduré ce meurtre moral sont des africains eux-mêmes et la plupart se retrouve dans l'élite politico-administrative et intellectuelle. Nous pouvons leur qualifier à dessein comme des nègres de maisons ou esclaves d'intérieurs car ces derniers se distinguent par leur extrêmes docilités et leurs manques de dignité, ceux-ci adorent leurs maitres les néo-colons car à leurs yeux ils restent et demeurent supérieurs voir un dieu. Ces derniers aiment le dirigeant de la puissance colonisatrice plus qu'eux-mêmes sinon comment comprendre qu'ils passent la plupart de leur temps en occident et ne viennent dans leur pays qu'à l'occasion des fêtes et pour le tourisme ? Ils font plus confiance aux hôpitaux occident au détriment des hôpitaux de leurs propres pays, tous les trésors de guerres qu'ils ont amassé ils gardent en occident, même sur leur lit de mort ils préfèrent rendre l'âme à l'étranger et pourtant dans la cosmogonie bantou un sage ne garde pas son trésor à l'étranger, un sage ne meurt pas hors de ses murs. C'est à notre sens à cause de ces pratiques que le néo-colonialisme perdure. Cette élite comprador est et demeure la meilleur arme de l'ancienne puissance coloniale et ce dernier n'hésite à utiliser cette pseudo élite africaine aux affaires pour combattre le digne peuple qui dans ce cas de figure représente l'esclave des champs. Sinon qu'est ce qui peut expliquer le plaisir que l'élite africaine prend à se moquer de la souffrance et de la misère de leur peuple et pourtant ces derniers roules carrosses avec l'argent du contribuable. C'est la raison pour laquelle les aspirations profondes des peuples noirs d'Afrique restent insatisfaits car aux yeux des dirigeants africains être Président de la République à tout prix et à tous les prix restent et demeurent l'accomplissement ultime. Même parmi ces dirigeants certains acceptent cette position par contrainte et même par stratégies ils ne sont pas assez nombreux pour pouvoir inverser la donne. Et résultat de course ils font souvent très vite démasquer car leur dignité leur rattrapait et trahissait leur véritable nature et intension. C'est d'autant plus vrais qu'on y trouve ici et là les Présidents vomis par les occidentaux et d'autres qui sont depuis plusieurs décennies. Nous pensons que les 50 ans au pouvoir sont des dirigeants qui servent des intérêts de tous sauf de leur peuple. Nous qualifions ce type de leader de « champion de la lèche ».

L'illustration brillamment ordonnancé et illustré par le Monsieur **Jules *DOMCHE,*** journaliste camerounais à travers un néologisme tiré d'un exemple aussi lointain qu'obscure, et surtout fort évocateur démontre que les africains champion de la lèche existe encore et en apporte les arguments. La raison est que cette catégorie d'africain n'a pas disparu et n'est pas prêt de disparaitre. Ce qui a changé c'est juste son appellation on est passé de nègre de maison à évoluer pendant la colonisation et d'évoluer à collaborateur, de collaborateur à partenaire de nos jours. Souvenez-vous les nationalistes étaient traités d'indigènes et ceux qui remerciaient le ciel pour la présence des colons étaient des évolués ces derniers avaient déjà comme c'était le cas avec les nègres de maisons certains petits avantages quasiment les mêmes qu'on donnait aux nègres de maisons, restes de tables vieux vêtements et le graal était d'arborer un jour le fameux casque colonial.

C'est donc naturellement à ceux-là que les colons ont fait semblant de remettre le pouvoir au moment de la décolonisation. Ils étaient vitales pour les puissances coloniales de savoir que c'étaient leur Relay à savoir les évolués c'est-à-dire les nègres de maisons qui prennent les affaires. C'est pour cela que les dignes fils de l'Afrique, les véritables visionnaires de l'Afrique que je ne saurai cité les noms ici de manière exhaustive devaient être sacrifier pour ne pas faire ombrage aux nègres de maisons qu'on devaient installés pour assurer la poursuite de l'exploitation de l'Afrique sans plus subir de critiques et de pressions puisque désormais ce n'est plus le colons qu'on voit mais le nègre de maison qui souverainement décide de se faire aider par les gentils colons et le terme politiquement correct pour désigner le type de colonisation qui se poursuit aujourd'hui c'est bien sûr la coopération.

Toute analyse faite l'on peut comprendre pourquoi certains princes ou dirigeants africains préfèrent d'être mieux vue par la puissance coloniale que par leurs propres compatriotes. Ils estiment nous ne savons si c'est à juste titre que leur but ultime est de satisfaire leurs maitres par ce qu'ils ne sont pas ingrats car ils savent que leur pouvoir vient en grande partie de lui. C'est tellement fort qu'ils sont la concurrence de savoir qui est le meilleur élève c'est-à-dire qui donne le plus satisfaction au maitre. Ce phénomène se développe aussi autour des princes africains comme une chaine cinématiques ils ont aussi leurs nègres de maisons, qui sont très généralement leurs principaux collaborateurs, même si on y trouve aussi des capitaines d'industries qui pensent qu'il est impossible de dissocier le monde politique du monde économique et même social. Et pourtant dans tous les

cieux se sont les capitaines d'industries qui impulsent et déterminent, influencent, opèrent les choix politiques qui servent leurs intérêts.
Pour ces derniers leur chef est un Dieu d'ailleurs, pour paraphraser un ministre camerounais c'est leur créateur et en tant que ses créatures ils doivent l'adorer, tout ce qu'il fait est bon, c'est pour cela qu'ils ont du mal à comprendre des voix dissonantes, nous dirions la voie des esclaves de champs, qui sont ici les vraies opposants qui osent s'attaquer à un Dieu si bon au lieu de s'incliner et espérer qu'un jour il fasse d'eux également des nègres de maisons. Ces nègres de maisons sont là autour des chefs ils savent au fond d'eux que la majorité de leur congénères, compatriotes souffrent. Mais si eux peuvent dormir au chaud avoir à manger régulièrement à leur table, se soigner, se permettre tous les excès tout va pour le mieux dans le meilleur des monde. Et ceux qui se plaignent doivent être maté avec la dernière énergie. Ce qui est risible avec cette catégorie d'Africain est que si leur maitre actuel venait à disparaitre, ils auraient la même attitude vis-à-vis du prochain maitre.
Leur foi ne repose pas vraiment sur la croyance en leur maitre elle repose uniquement sur leur intérêt et leur lâcheté. Peu importe le maitre l'essentiel pour eux c'est de rester nègre de maison à vie. Ceci dit il ne faut pas croire que c'est seulement au niveau des hautes sphères du pouvoir qu'on retrouve les nègres de maison. Ils sont partout et se caractérise par un complexe d'infériorité sanglant, ils vous disent ne pas comprendre votre agacement, votre désir de changement, votre caractère inconscient. Ils vous demandent comment voulez-vous engager un combat perdu d'avance. Ils vous disent l'Afrique sont maudits, les autres sont plus forts. Plus intelligents, plus beaux, certains parmi eux se retrouvent dans la diaspora, ils acceptent faire des travaux les humiliants peu importe, l'essentiel c'est qu'ils y soient oui cette catégorie d'africain existe encore et elle fait très mal à l'Afrique même plus mal que les puissances coloniales, très souvent par ignorance, mais comme disait quelqu'un il n y a de pire malade que celui qui ignore qu'il est. La question que je nous invite à nous poser aujourd'hui c'est

quelle catégorie d'esclave sommes-nous ? Sommes-nous des esclaves de champs ou des esclaves de maisons ? En répondant objectivement nous marqueront un pas supplémentaire dans le combat pour la restauration de la dignité africaine.
Notre démarche se veut et se donne pour mission de déconstruire cet esprit de la lèche qui est perpétué par ces nègres de maison afin de faire des africains des véritables et authentiques nègres des champs. C'est à notre sens le passage obligé si nous voulons éviter le meurtre physique. C'est déjà terminé pour les indiens d'Amérique, les aborigènes d'Australie, les noirs de Libye… Le peuple noir de manière générale est la suivante.
Car le mal que le colon ou l'occupant nous a fait n'est pas encore guérit, l'aliénation culturelle a fini par être partie intégrante de notre substance, de notre âme et quand on croit en être débarrassé, on ne l'a pas encore fait complètement. Et souvent le colonisé ou l'ex colonisé même, ressemble un peu, à ces esclaves du XIX ème siècle, qui libéré va jusqu'au pas de la porte et puis revient à la maison parce qu'il ne sait pas où aller depuis le temps qu'il a acquis des réflexes de subordination, depuis le temps qu'il a pensé ou appris à penser à travers son maitre. C'est un peu ce qui est arrivé à l'intelligentsia africaine dans son ensemble. L'africain doit cesser de répondre par « …les actes d'infériorité, sinon nous aurions en quelques sortes prouver ou supposer que l'infériorité de l'africain est actée puisque nous laissons toujours croire que la vérité doit nous venir de l'autre camp, le peuple d'Afrique doit se dresser comme un homme en ayant l'ultime conviction et étant intimement convaincu et persuadé de l'égalité des races, de l'égalité des civilisations, de la capacité de chaque race ou chaque peuple de mener sa destinée culturelle et intellectuelle, sinon nous devrons constater impuissamment cette hiérarchisation des races, de cultures, ça veut dire qu'il faudra s'attendre à une disparition de la race ou la culture faible d'une manière ou d'une autre… » ***Cheikh Anta Diop*** Il faut une véritable décolonisation de la pensée négro-africaine. Nous répondrons favorablement à ce défi par le contenu que nous mettrons dans l'éducation en Afrique, en traitant de la qualité des

enseignements, des changements à opérer dans curricula et de l'accent qui doit être mis sur notre histoire, nos mouvements , notre sociologie, notre ingénierie, notre industrie etc.

II- L'implémentation d'une stratégie éducative propice à l'enclenchement des dynamiques transformationnelles et l'appréhension des mutations structurelles de l'Afrique.

A- L'implémentation d'une stratégie éducative propice à l'enclenchement des dynamiques transformationnelles de l'Afrique.

Le continent africain est riche au regard de son potentiel. L'Afrique détient 30 pourcent des réserves minérales de la planète. 80 pourcent des ressources de la planète en coltan, qui sert à la fabrication des portables, 90 pourcent du platine, 50 pourcent du diamant, 40 pourcent de l'or. Il en va de même des ressources pétrolières qui vont de manière croissante car en un quart de siècle l'Afrique a vu augmenter de 50 à 70 pourcent sa production, presque tous les pays Africains sont devenus producteurs de pétroles. De nos jours le continent africain assure à peu près 15 pourcent voir plus de la production pétrolière mondiale. La bauxite n'est pas en reste quand seul la Guinée représente à elle seule 30 pourcent des réserves mondiales. Nous pouvons recenser à en point finir les ressources que regorgent l'Afrique, la forêt africaine est la seconde plus grande forêt tropicale du monde juste après l'Amazonie, précisément, 20 pourcent de la surface de la forêt tropicale encore intacts au niveau du bassin du Congo et au sud-est du Cameroun, avec une biodiversité unique au monde, qui renferme plus de 200 espèces ligneuses qui poussent sur 1000 mètres carrés, soit une fois et demi plus d'espèces que sur l'ensemble du territoire français. C'est dans ce même ordre idée qu'une estimation des Nations Unies montre qu'il y a plus de 800 millions d'hectares de terres cultivables inutilisées qui attendent leur révolution verte. Au vu de ce scandale géologie qu'est l'Afrique il est impérieux d'implémenter une stratégie nouvelle afin que ces immenses ressources profitent essentiellement et exclusivement à l'Afrique. L'Afrique doit faire attention car il ne passe un seul jour sans qu'on ne découvre un nouveau gisement dans tel ou tel pays africain. Le sol et le sous-sol de certains pays africain a été déclaré à la suite des études géophysiques, géologiques et géotechniques de terres rares.

Cette exégèse que nous venons de faire des ressources et du potentiel africain devrait interpeller les africains. Car le vibrant appel que nous lançons est celui de savoir et surtout de mener une réflexion approfondie sur le comment est-il possible que l'on soit si richement doté et que l'on continue à faire le mendiant ou la manche pour vivre. A l'évidence deux réponses sautent à l'œil : soit les africains ne sont pas conscience de la force, de la riche dont- elle dispose ; soit l'Afrique s'est trompé de chemin pour construire son avenir en employant des politiques publiques inadéquates. D'une manière ou d'une autre les deux réalités susmentionnées renvoient à un seul et unique problème, à savoir le manque d'éducation, de formation, des africains pouvant renforcer leurs capacités afin qu'ils puissent être à même d'enclencher les dynamiques transformationnelle dont l'Afrique a besoin pour son émergence et son développement. Nous pensons qu'à défaut d'inventer la roue l'intelligence voudrait que l'on s'inspire sur le plan formel des exemples qui ont marché. Sur ceux les exemples des états d'Asie du sud-est avec les pays comme la Corée, le Japon, Singapour, bref les pays du dragon devraient nous parler.

Le continent africain au vu de ses ressources fabuleuses doit et ça se pose comme un impératif catégorique changé de stratégie et de paradigme s'il veut cesser d'être continuellement assister. Pour ce faire l'éducation africaine doit être centré sur la résolution des problèmes des africains, cette éducation doit aboutir à des curricula formations qui doivent promouvoir l'auto développement local et par ricochet la transformation structurelle de notre continent.

Toutes les ressources dont regorge le continent africain constituent des viviers énormes ou des pans entiers renfermant des milliers d'opportunités de formations et d'emplois. La stratégie éducative gagnante qui serait à même d'apporter des réponses probantes du point de vue stratégique devrait aller au-delà de simples et vaines recommandations qui ressortent du système LMD, en allant plus loin afin qu'on atteigne la logique une formation, un emploi. Car on ne peut pas comprendre comment l'Afrique disposant de plus de 800 millions d'hectare de terres cultivables qui restent et demeurent inutilisées et pourtant l'Afrique peine à nourrir sa population et de ce fait embastille celle-ci car comme le disait le président **Félix Houphouët Boigny** : « un homme qui a faim, n'est pas un homme libre ». Nous pensons que l'éducation, la formation devrait être tourné vers la résolution et le relèvement des défis que se fixe un pays, un continent. Tant que notre stratégie éducative n'obéira pas à cette logique ou cette stratégie nous irons d'échec en échec. Pour corriger l'image de l'Afrique les politiques publiques éducatives doivent tenir exclusivement compte de la vision socio-économique du pays ou du continent. Sinon comment comprendre qu'un pays se dit que l'économie verte est le socle pratique de son économie et qu'on ne trouve presque pas des Lycées Agricoles ? Comment comprendre qu'un pays veut lutter contre la famine et qu'elle n'accompagne sa population dans la production agricole mais plutôt les encourages dans les activités du secteur tertiaire comme les activités des motos-taxis et de la débrouillardise qui n'apporte aucune valeur ajoutée à l'économie? Comment comprendre qu'avec tout ce potentiel et ces ressources vastes et immenses dont dispose l'Afrique, elle continue à importer les savoirs savants, alors que le gros des curricula qui sont dispensés n'a qu'un contenu propre à la science sociale et science humaine, donc des contenus littéraires, qui jusqu'à nos dispensés en Afrique n'ont pas vocation à transformer et créer les chaines de valeurs propices pour le développement, mais plutôt des contenus qui nous servent juste pour la distraction. Sinon comment comprendre que l'Afrique est l'un des continent qui regorge un très grande nombre d'universitaires, qui peine à trouver un travail ou tout simplement qui peine à en créer ?

C'est un célèbre auteur français qui disait l'art pour l'art est beau mais l'art pour le progrès est encore plus beau. Cette assertion nous permet de paraphraser en nos propres termes qui renvoient à notre réalité pour les africains que nous sommes nous pensons que le savoir savants est beau mais le savoir pour le progrès est encore plus mieux. Nous voulons faire des affirmations péremptoires car nous pensons que l'Afrique au vue des enjeux qui sont siennes a plus besoin des lycées agricoles, des universités rurales ou agricoles que des lycées d'enseignements générales, des universités dispensant les sciences sociales et les humaines. Il en va de même de ce que les lycées techniques, les universités technologiques, techniques et d'ingénieries devraient suivre en nombre les lycées agricoles et universités agricoles.

Nous sommes convaincus jusqu'ici les africains ne sont pas ou ils devraient être pour la simple et unique raison que les secteurs à fort impacts économiques sont ceux qui devraient concentrer l'attention des pouvoirs publics qui à leur tour devrait orienter les enseignements dans ce sens afin de créer les chaines de valeurs. C'est la raison pour laquelle les leaders politiques et économiques devraient prendre très au sérieux les états généraux de l'éducation, les dirigeants politiques, la société civile, les partis politiques devraient régulièrement tenir le conseil ou les états généraux de l'éducation. Nous osons croire qu'avec l'évolution rapide et dynamique du monde ce conseil de l'éducation devrait se tenir au moins une fois tous les deux ans maximum. L'éducation doit faire partir intégrante de la géopolitique et de la géostratégie des pays. C'est la vitrine qui permet de positionner les pays sur l'échiquier mondial à condition que l'on sache utiliser ce potentiel ne dit-on pas souvent bien formé l'on est citoyen et mal formé l'on est sujet ?

La bonne formation à notre sens est une formation de qualité qui donne droit à l'emploi ou à la création d'emploi, et devrait permettre les pouvoirs publics et les états de résorber définitivement le chômage. Les défis sont si énorme qu'il est vraiment irréel de penser que de nos jours le continent africain est l'endroit au monde où il y a plus de chômeurs. Ca témoigne de l'échec de la stratégie éducative et des politiques publiques éducatives appliquées jusqu'à présent en Afrique. La fierté de l'Afrique aujourd'hui serait d'être au rendez-vous des aspirations profondes des africains qui sont de plus en plus contre l'exploitation des matières premières abondantes par les multinationales étrangères qui rapatrient les capitaux dans les pays sièges des entreprises exploitant sans que ça ne résulte véritablement au décollage du continent africain.

Nous sommes convaincus que la seule stratégie qui pourra tenir c'est le fait que les africains tous comme un homme comprennent les véritables enjeux, et exigent avec rigueur, patriotisme, vigueur, et déterminant l'audit des pactes coloniaux sur le continent, et une fois que cela sera fait nous allons procéder à la résiliation ou la résolution qui ne permet pas à l'Afrique de reformer ses politiques publiques. Sinon comment comprendre que les matières premières à fort potentiel pour les pays sont exploitées 50 ans durant sans la présence d'un seul africain si ce n'est que ce dernier occupe un poste de subalterne. C'est du à un manque d'éducation de qualité ou de formation qui fait que les pays qui détiennent le plus de matières premières sont ceux-là qui accusent le plus grand retard en matière de lutte contre la pauvreté. L'on va nous dire que le scénario est connu, car il serait clair et simple que les majors de ces ressources naturelles vont tout simplement provoquer les guerres civiles afin de privatiser d'une manière unilatérale l'exploitation, et pour y parvenir ils vont arroser les différents seigneurs de guerres, en leur fournissant les armes. Ces moult exemples qu'on trouve sur le continent africain part du seul fait que la stratégie éducative à échouer dans ces pays lamentablement. Car l'éducation de qualité c'est l'ingénierie au service du progrès, de la croissance, de l'inclusion économique, et du développement.

Ainsi une tête bien fait, qui croit en son potentiel, qui vit dans un environnement propice à son épanouissement, que la société reconnait son mérite et ses valeurs, avec un environnement favorable pour son éclosion sociale, et ou les fruits de la croissance tirer du produits des matières premières et ressources naturelles ouvrées sont partagées, dans ce cas de figure les citoyens de ce type de société ne sauront prendre les armes contre leur peuple. Tout ceci part de l'éducation qui est la seule à façonner les êtres suffisamment éclairés capables de conduire les destinées des pays voir d'un continent.

L'émergence de l'Afrique ne serait jamais projeté des décennies après si nous mettons notre éducation au niveau des standards mondiaux mais avec nos spécificités et ce que ces savoirs faire servent à la transformation de l'énorme potentiel de l'Afrique et enfin conduire l'Afrique vers une prospérité. Sinon nos indicateurs de développement humain qui sont au rouge vont y demeurer.

Enfin si l'Afrique veut prendre ses distances par rapport aux discours communément admis, qui fait du continent africain le dernier continent avec des vulnérabilités accrues et des instabilités chroniques nous n'avons pas d'autres choix que de changer de paradigme en commençant là où il faut commencer, à savoir la maitrise des activités liées au secteur primaire avec l'expertise qui va avec ensuite la maitrise du secteur secondaire avec toutes les expertises qui s'y prêtent et le secteur tertiaire devrait s'organiser de lui-même, et tout cela ne serait possible que par le truchement de notre système éducatif qui doit se défaire de ses tares, qui sont à notre sens la restitution de connaissances livresques reçus, mais plutôt s'orienter vers une éducation de questionnement en vue d'apporter les réponses aux problèmes de nos contemporains. Du moins c'est la méthodologie et la didactique de l'apprentissage qu'ont copié et implémenté les puissances que nous apprécions et qui font cas d'école en matière d'intelligence éducative et économique dans le monde.

B- L'appréhension des mutations structurelles de l'Afrique

Si l'on prend en considération la notion d'appréhension qui signifie du point de vue philosophique comme étant l'acte par lequel l'esprit saisit un objet de pensée ; pour faire simple c'est le fait de comprendre quelque chose. Au vue de cette définition nous espérons que les africains tirent les leçons du passé, en inscrivant dans les méandres du temps à un vaste et long et complexe processus des manifestations ultimes de son histoire et de la trajectoire que veut prendre. Nous croyons dur comme fer qu'avec une éducation appropriée et efficace nous ne saurions entériner les propos de René Durand qui disait juste après la décolonisation que je cite : « **l'Afrique noir est mal partie** ». Cette affirmation péjorative laisse entrevoir la « fin de l'histoire » de l'Afrique, pour reprendre l'expression de Francis FUKUYAMA. Nous pensons plutôt que seule une éducation véritable des peuples d'Afrique reste et demeure la véritable clé pour ouvrir une nouvelle porte nous dirons une nouvelle page du continent africain. Il s'agit bien de la page de l'implantation du continent africain dans le monde.
Même si l'intérêt que suscite le continent africain dans le monde entier pourrait aller à l'encontre des théories alarmistes qui surévaluent son instabilité. Il est plus que temps pour les africains de comprendre que la véritable guerre reste et demeure la guerre économique. Et les armes propices pour mener à bien cette guerre sont tout sauf les armes conventionnelles que sont les chars Dassault, les kalachnikovs etc, mais plutôt les intelligences qui résultent des savoirs savants et technologiques pouvant permettre à un pays ou un continent de mieux se positionner sur le terrain géopolitique et géostratégie surtout dans un monde en plein transformations et mutations. Cette intelligentsia est la seule voie pouvant réduire à néant les crises et la pauvreté, sans oublier les méthodes et moyens à appliquer pour résoudre les incompressibles exigences de la paix et du développement. La problématique générale du développement de l'Afrique et de

son émergence est indissociable de son affirme stratégique qui doit s'articuler autour de plusieurs axes interactifs majeurs dont la plus importante à notre sens est une éducation de qualité, transformationnelle des difficultés en opportunité de travail et d'emploi créateur de richesse, de la sécurité, de la croissance inclusive et du développement.

Le système ou les curricula d'enseignements tels que dispensés en Afrique doivent placer l'émergence du continent au cœur de la pensée stratégique Africaine. La dynamique de la pensée stratégique africaine s'appréhende comme l'ensemble des manières de penser et d'agir qu'un état ou un groupe d'états (communauté) mobilise et promeut dans le but d'assurer les conditions de sa propre existence. Il s'agit à la fois de maîtriser son environnement, son espace, son potentiel et les relations à entretenir avec d'autres acteurs, périphériques ou non. L'intelligence stratégique permet aux africains de mesurer, soupeser, apprécier les rapports de coopération, de partenariat, d'alliance, de confrontation, et de domination. Ces éléments prennent tout leur sens si l'on se situe sous l'angle d'une vision holistique et non réductionniste de la situation et des projections de l'Afrique que nous souhaitons.

L'un des volets non négligeable qui pourrait mettre les africains en confiance c'est l'appropriation de notre propre histoire et surtout de l'enseigner car beaucoup d'africain pense que l'africain n'a pas d'histoire glorieux. Nous n'avons qu'à faire revisiter **la charte du Manden** dans l'empire du Mali, elle est, à cet égard, édifiante. Puisque la compilation de récits oraux, recueillis et transcrits l y a une trentaine d'année et qui est ordinairement comparé à la Magna carta. La charte reprend les grands thèmes de l'organisation sociétale d'une époque correspondant au règne de **Soundiata Keïta**, Empereur du Mali (1235-1255). L'Afrique doit également se fier, de manière plus récente, à la Déclaration de Dakar de 1963, texte fondateur ou il est affirmé, en préalable, «qu'à l'instar d'autres peuples, les africains ont créé des civilisations florissantes ; telles l'Egypte pharaonique, Méroé, Monomotapa, Tombouctou et bien d'autres encore». La question de l'estompement du génie créateur des peuples d'Afrique se pose mais qui ne saurait prospérée du simple fait de sa vacuité car le dictionnaire encyclopédie nous parle d'un africain qui a été Major –Général dans l'armée russe le nommé Abram Petrovich Gannibal qui vécut de (1696- 22 April 1727) ; il a éte kidnappé et amené en Russie. Il a été Major Général, stratège militaire et ayant un statut de noble dans l'empire russe. Ce Gannibal fut né en 1696 dans un village dénommé « Lagon », dans le sultanat du Logone Birni au bord du fleuve Logone au Cameroun, plus précisément du côté sud du lac Tchad. A l'âge de 7 ans, donc 1703, Gannibal il a été enlevé et amené à la cour du Sultanat de Constantinople. En 1704, après un an à Constantinople, Gannibal a été racheté et emmené dans la capitale Russe par le vice ambassadeur de la Russie Sava Vladislavich-Raguzinsky, sur ordre de son supérieur (l'un d'eux était Pyotr Andreyevich Tolstoy, le grand père du célèbre écrivain Leo Tolstoy). L'empereur Pierre Legrand a noté avoir pris attache avec le jeune, intelligent Abram et à detecter qu'il avait un potentiel pour entrer dans le service militaire, ainsi il amena l'enfant chez lui. Gannibal fut baptisé en 1705 dans l'église St. Paraskeva du Vilnus, avec Pierre Legrand comme étant son parrain. La date du baptême de Gannibal eut une signification personnelle et il utilisa cette date de baptême comme son jour de naissance, car il ne savait pas jusqu'à lors sa date de naissance.

Abram eu une relation étroite avec Pierre Legrand et très tôt il entreprit des voyages au côté de Pierre pendant ses campagnes militaires. Pendant ces conquêtes militaires Abram a servi comme aide de camp de son parrain. Abram appréciait autant ses rapports avec son parrain, au même titre que celui qu'il entretenait avec la fille de Pierre Elisabeth, et il leur restait loyal comme s'il était une famille. En 1717 Gannibal a été emmené à Metz pour continue son éducation dans l'art, les sciences et la stratégie. De ce fait, il parlait courramment plusieurs langues et connaissait les mathématiques et la géométrie. En 1718 Gannibal rejoins l'armée française dans l'espoir de plaire à son parrain en approfondissant son éducation en stratégie et ingénierie militaire. Il combattu aux côtés des forces de Louis XV de France contre ceux de l'oncle de Louis Philippe V d'Espagne et fut décoré de grade de Capitaine. C'était pendant cette période en France que Gannibal adopta l'honorable prénom de Général Carthaginois Hannibal (Gannibal fut donc la traduction traditionnel du son nom en langue russe). Alors qu'il combattait dans la guerre de la France contre l'Espagne, Gannibal fut blessé à la tête. Abram retourna à Metz pour continuer sa formation dans la nouvelle école d'artillerie. A Paris il fit la rencontre et devint amis avec des figures remarquables du siècle des lumières comme Denis Diderot, le Baron de Montesquieu et Voltaire. C'est à dessein que Voltaire avait appelé Gannibal d' : « «étoile noir » du siècle de lumière. En 1723 Gannibal retourna en Russie et devint Major General.

Il ressort du brillant exemple d'Abram Gannibal Petrovich que l'éducation, la formation est la clé de la réussite, c'est l'arme qui peut facilement combler ou apporter une solution efficace au phénomène qui a fait estomper le génie créateur des africains à travers les trois siècles d'esclavage qui ont vidé le continent des bras dont il aurait eu besoin ; ensuite, la colonisation européenne qui a parachevé le processus de surexploitation, de désarticulation et de balkanisation, soumettant le continent aux intérêts étrangers.

Nous voyons que le cas de Gannibal nous montre que l'intelligence n'est pas tributaire du lieu de naissance ou de la race. Donc si les êtres humains sont mis dans les mêmes conditions, les mêmes environnements pour apprendre et étudier nous sommes sûrs sans risque de nous tromper qu'ils apporteront les résultats satisfaisants. Donc en réponse à l'assertion de Léopold Cedar Senghor qui disait l'émotion est nègre la raison est hellène nous disons cette position ne saurait être vraie et véritable car les êtres humains ont une seul tête, deux yeux, deux oreilles, une bouche, le sang qui coule dans les veines est rouge dont ils ont le même potentiel et les mêmes capacités il suffit de le mettre à contribution.

C'est à travers l'éducation que l'Afrique pourrait renverser les rapports de forces et serait capable de se réapproprier son propre destin. C'est-à-dire les peuples d'Afrique doivent choisir en toutes libertés ce à quoi ils adhérent et ce à quoi ils renoncent sans nullement opérer un choix forcé par une main invisible. Cette attitude devrait consolider la pensée authentique africaine et reconstruire une conscience africaine dispersée. Quoiqu'on le veule ou pas ce défi est aujourd'hui plus que d'actualité.

Dans le continuum des manières de penser et d'agir des peuples et des sociétés, l'on ne peut manquer de répertorier un certain nombre d'éléments au sein desquels coexistent plusieurs « **logiques** ».

Conclusion

Au terme de notre analyse qui s'apparente à une plaidoirie, nous souhaitons que la pensée stratégique africaine ne s'éloigne pas des champs de la guerre économique ou des batailles géopolitiques et géostratégiques. Car l'éducation ne doit pas seulement connaitre une évolution sémantique, pour ce qui concerne l'Afrique, elle doit connaître une révolution structurelle et transformationnelle du continent tout entier. La pensée originelle africaine doit s'intégrer dans tous les secteurs d'activités et s'inscrire dans une perspective globale de métamorphose des sociétés. La mondialisation a le vent en poupe, la pensée stratégique suscite plus que jamais un engouement certain. Elle devrait sortir du coma profond dans lequel elle se trouve et fait l'objet des recherches et des débats dans les milieux intellectuels comme c'est le cas sous d'autres cieux. En effet, jusqu'à présent, c'est un domaine qui souffre du monopole de l'univers militaire sur le continent. Nous estimons qu'avec un monde en perpétuelle mutation les africains ne sauraient abandonner la pensée stratégique africain aux seules mains des stratèges militaires qui n'étudient pas tous les contours de la question car la stratégie fait partir désormais de tous les secteurs d'activités de la société. Les africains doivent comprendre et intégrer que la pensée stratégique ne se cantonne pas aux différentes politiques de défense, de sécurité. Afin de mieux faire face aux différents défis mondiaux, il impératif de décloisonner et permettre que la pensée stratégique s'étende à la société civile et épouse tous les secteurs de la vie sociale. Elle doit faire l'objet d'une recherche pluridisciplinaire afin qu'elle soit envisagée sous plusieurs angles. Notre démarche c'est le développement de la pensée stratégique sur le continent avec pour objectif de divulguer et d'intégrer dans les curricula de formation et les centres de recherches cette pensée. Certains pourront nous opposer le fait que cette pensée stratégique n'a pas de valeur marchande dans l'immédiat. Elle est un investissement à long terme. Tous les états africains devraient apporter leur soutien technique et financier conséquent dans la construction et la consolidation de la pensée stratégique africaine. L'Union

Africaine devrait aussi encourager, appuyer et soutenir cette pensée stratégique, car nous sommes persuadés que cette formation est la seule capable de renforcer les capacités des africains leurs permettant d'être mieux outiller pour faire face aux divers partenaires à travers le monde. C'est en soi la condition sine qua non pour rendre pérenne la renaissance africaine. La pensée stratégique doit plus que jamais émerger sur le continent africain dans la mesure où l'environnement mondial actuel témoigne de l'urgence, et du besoin. Ça serait une façon efficace et capitale de contribuera par la formation, et l'éducation au développement et à la stabilité du continent africain.

Bibliographie :

a) ARTICLES

Commission européenne. (2017), « *faire des marchés publics un outil efficace au service de l'Europe* », dans communication de la commission au parlement européen, au conseil, au comité économique et social européen et au comité des régions, com. (2017) 572 final, pp. 1-18 ;

République Française, Ministère de l'Economie de l'Industrie et du Numérique, Direction Générale des Entreprises (2015), « *La commande publique : un marché pour les innovations* » pp. 1-12 ;

République Française, Ministère de l'Economie et des Finances, Direction des Affaires Juridiques, Observatoire Economique de la Commande Publique, (2019), « *Guide Pratique de l'Achat Public Innovant* », Version 1, pp. 1-51 ;

M. NDIAGA DIAGNE. Responsable administratif et financier Centre d'Etudes de Politiques pour le Développement (CEPOD), République du Sénégal, Ministère de l'Economie et des Finances, « *la mise en place de systèmes efficaces de passation des marchés publics est-elle nécessaire pour l'amélioration des performances de l'administration ?* », pp. 1-10

OCDE. (2016), « *Prévention de la corruption dans les marchés publics* **»,** OCDE des politiques meilleures pour une vie meilleure, pp. 1-32 ;

Royaume du Maroc, Conseil Economique et Social, (2012), « *la commande publique, levier stratégique de développement économique et social*»**, pp. 1-13 ;**

Action prospective proposée par le CERDD et la CCI Grand Lille. Dossier réalisé par ATEMIS. (2014), « *commande* *publique & économie de la fonctionnalité dans la perspective de la ville durable* », pp. 1-17 ;

b). RAPPORTS ET AUTRES

Chambre de Commerce et d'Industrie-Paris Ile –de-France, Rapport présenté par Nicholas MOUFFLET au nom de la Commission Commerce et adopté à l'Assemblée générale du 2019, « *Cinq clés pour faire de l'achat public un vecteur d'innovation, au service des entreprises et de la performance économique* », pp. 1-38 ;

Nos recommandations en faveur des PME ouest-africaines, « *L'accès à La commande publique en Afrique de l'ouest* **», pp. 1-20 ;**

Région Bretagne, Direction des Affaires Juridiques et de la Commande Publique, Session du Conseil régional. **(2018),** « *La politique d'achat au service de l'économie Schéma des achats économiquement responsables* **».**

c). WEBOGRAPHIE

« La commande publique : un marché pour les innovations **»,** disponible sur :

www.entreprises.gouv.fr/politique-et-enjeux/achats-innovants ;

L'aide internationale nuit-elle au développement économique ? Disponible sur https://www.lefil.ulaval.ca/laide-internationale-nuit-elle-au-developpement-economique/;

Public Procurement and Aid Effectivencss: Disponible sur https://www.bloomsburyprofessional.com/uk/public-procurement-and-aid-effectiveness-9781509922437/?utm_source=Adestra&utm_medium=email&utm_content=Pub

lic%20Procurement%20and%20Aid%20Effectiveness&utm_campaign=PIL%20%26%20Trade%20UK%20Newsletter%208.8.19

MIX
Papier aus verantwortungsvollen Quellen
Paper from responsible sources
FSC® C105338

Printed by Books on Demand GmbH, Norderstedt / Germany